[漢]何休注 [唐]徐彦疏 [唐]陸德明音義

春秋公羊傳註疏

古本十三經注疏

上海古籍出版社

何休學解

二十有五年春齊崔杼帥師伐我北鄙。夏五月乙亥齊崔杼弑其君光。公會晉侯宋公衛侯鄭伯曹伯莒子邾婁子滕子薛伯杞伯小邾婁子于陳儀。六月壬子鄭公孫舍之帥師入陳日者陳鄭俱楚之與国今鄭背楚入陳明中国當憂助鄭以離楚弱陳故爲中国憂録之。背音佩爲于僞反（疏）注日者至録之。解云正以公羊之義入例書時傷害多者乃始書月即成七年秋呉入州來隱二年夏五月莒人入向之屬是今此書日故爲憂録之故也言陳鄭楚之與国者正以宣十一年夏楚子陳侯鄭伯盟于辰陵之文也。秋八月己巳諸侯同盟于重丘會盟

再出不斥重者起諸侯欲誅崔杼故詳録之。重直龍反（疏）注會盟至録之。解云正以文十四年夏公會宋公以下同盟于新城亦盟以爲重不言會于某今會盟並言故須解之僖九年公會宰周公以下于葵丘之下注云會盟一事不舉重者時宰周公不與盟也昭十三年平丘之下注云不舉重者起諸侯欲討棄疾故詳録之與此同。公至自會。衛侯入于陳儀陳儀者何衛之邑也曷爲不言入于衛据與鄭突入櫟同。櫟力狄反（疏）陳儀者何解云欲言是国衛侯入于欲言其邑不繫于衛故執不知問。注据與至櫟同。解云桓十五年秋九月鄭伯突入于櫟櫟者何鄭之邑曷爲不言入于鄭注云据齊陽生立陳乞家言入于齊今此亦据哀公六年齊陽生之事與之同故云据與鄭突入櫟同矣哀六年傳云景公死而舍立陳乞使人迎陽生于諸其家諸大夫不得已皆逡巡北面再拜稽首而君之尔然則陽生實入陳乞家而言入于齊今衛侯入于陳儀不言入于衛是以据而難之然則陽生入于陳乞之家在国都之内故言入于齊陳儀非国都故不得言入于衛諼君以弑也以先言入后言弑也時衛侯爲剽所篡逐

[illegible]

伯小邾婁子于[illegible]儀○冬楚子蔡侯陳侯許男伐鄭[illegible]

公至自會○陳鍼宜咎出奔楚○叔孫豹如京師[illegible]

二十有五年春齊崔杼帥師伐我北鄙[illegible]

[illegible]春秋[illegible]卷[illegible]

不能以義自復詐顧居是邑爲剽臣然後候間伺便使甯喜
弑之君子恥其所爲故就爲臣以譏君惡之未得国言入者
起詐篡從此始。譏況元反以弑音試注同后年故此伺便音同下姍面反惡烏路反（疏）注以先至弑也。解
云謂今言入二十六年弑剽是也云時衛侯爲剽所篡逐者
初見篡逐在十四年今仍未復故言時也云然后候間伺便
使甯喜弑之者在下二十六年春云故就爲臣以譏君惡之
者謂就其君之文以惡之云未得国言入者云云欲言小白
陽生之屬得国乃言入。○楚屈建帥師滅舒鳩。屈居勿反○冬
鄭公孫蠆帥師伐陳（疏）公孫蠆云云亦有一本作公孫蠆字者。○
十有二月吳子謁伐楚門于巢卒門于巢卒
者何入門乎巢而卒也入門乎巢而卒者何
入巢之門而卒也以先言門后言于巢吳子欲伐楚過巢不假塗卒暴入巢門門者以
爲欲犯巢而射殺之君子不怒所不知故與巢得殺之使若
吳爲自死文所以彊守禦也書伐者明持兵入門乃得殺之
○謁左氏作遏卒暴（疏）吳子遏者亦有一本作謁字者。
七忽反射食亦反門于巢卒者何。解云欲言好者
卒門于巢卒欲言其殺卒非殺之稱故執不知問。入門乎
巢而卒者何。解云雖加入者仍未分明故更以不知問之
○注先言門后言于巢者。解云正以先入其門巢人乃殺
故言門于巢卒傳云入巢之門而卒也者解入于巢而卒
吳子謁何以名据諸侯伐人不名傷而反未至乎舍而
卒也以名卒間无事知以傷辜死還就張本文伐名知傷而反卒繫巢知未還至舍巢不坐殺復見辜者辜內
當以弑君論之辜外當以（疏）吳子謁至卒也。解云上七
傷君論之。○復扶又反年傳云鄭伯髡原何以名傷
而反未至乎舍而卒也已是辜傳也今復發之者正以彼是
臣傷其君今此異国因其異故復發之。○注以名至本文。
解云正以伐楚而書名門于巢而言卒其間更无事知以傷
之故傷辜而死是以還就于伐而書其名爲卒張本文云伐
名知傷而反卒繫巢知未還至舍者正以名者卒爵之称今
于伐已名知其見傷而反也其卒之時仍繫巢言之故知於
彼傷還未至于舍止之處而卒也云巢不坐殺復見辜者上
注云與巢得殺是巢不坐殺也言復見辜者對上七年言之

故言復也云卒内當云云者上注云與巢得殺之今見卒者正以過国假塗實客之謙謹重門設守主人之恒備今吳人无礼陵䍐巢国若不與殺開衰世諸侯得使縱横巢无禦備而殺人之君若今舍之又脱漏其罪是以何氏進退月之若以殺論巢君合絶若以傷論取黜而已云云之説在上七年

二十有六年春王二月辛卯衛甯喜弑其君剽。甯喜為衛侯衎弑剽不舉衎弑剽者讓成于喜○剽匹妙反喜為于偽反下文為惡曷為同 疏 注甯喜至剽者 解云下二十七年傳文云不舉衎弑剽者讓成于喜者言喜若為衎弑剽春秋舉重宜書衎弑今書喜者正由讓成于喜故也是以下二十七年傳曰甯殖死喜立為大夫使人謂獻公曰黜公者非甯氏也孫氏為之吾欲納公何如是讓誅于成喜之文也

○衛孫林父入于戚以叛 衎盜国林父未君事衎言叛者林父本逐衎衎入故叛衎得誅之尤定公得誅季氏故正之云尓 疏 注林父至言叛者。解云正以凡言叛者臣盜土之辭故如此解云林父本逐衎者在十四年也。注尤定公至云尓。解云昔林父逐衎衎得誅之季氏不逐定公而定公得誅季氏者正以昭公是父定公子一体榮辱同之季氏逐昭公故與定公得誅之也知如此者正以定公元年賈霜殺菽何氏云周十月夏八月微霜用事未可殺菽菽者少類為稼強季氏象也是時定公喜於得位而不念父黜逐之恥反為淫祀立煬宮故天示以當早誅季氏是也

○甲午衛侯衎復歸于衛

此讓君以弑也其言復歸何 据齊陽生至陳乞家時書入于齊不書復歸復歸者入无惡文 疏 注据齊至歸者。解云即哀六年秋齊陽生入于齊傳云景公死而舍立陳乞使人迎陽生于諸其家諸大夫不得已皆再拜稽首而君之尓是也云復歸者入无惡文者即桓十五年傳云復歸者出惡歸无惡是也

惡剽也 主惡剽衛侯入无惡則剽惡明矣。惡剽烏路反注及下惡剽以惡并上注故惡反惡惡輕以惡皆同

曷為惡剽 据齊陽生不書歸惡舍

剽之立於是未有說也 凡篡立皆緣親親也剽以公孫立於是位尤非其次故衛人未有說喜由此得成讓禍故惡以為戒也篡重不書反惡此者因重不得書故得惡輕亦欲以見重。有說音悅注同以見賢徧反下出見同 疏 注凡篡至

[illegible]

二十有八年春王[illegible]

[illegible]

親親也者。解云正以有繼及之道故也。云剽以公孫立於是位尤非其次故衛人未有說者。解云若以昭穆言之
遠於公子故曰尤非其次也昭穆既遂復无賢德是以衛未有說之也然則曷為不言
剽之立据衛人立晉疏注据衛人立晉者在隱四年不言剽之立者
以惡衛侯也欲起衛侯失衆出奔故不書剽立剽立无惡則衛侯惡明矣日者起甯氏復納之故
出入同文也甯喜弑君而衛侯歸則甯氏納之明矣以歸出奔俱日知出納之者同衛侯歸而孫氏叛孫氏本與甯氏共
逐之亦可知也名者起盜国盜国明則復歸為惡剽出見矣。復納扶又反疏注日者至納之。解云正以春秋
之例歸與復歸復歸例皆時即僖二十八年夏六月衛侯鄭自楚復歸于衛何氏云復歸例皆時此月者為下卒出之是也今
此書日故須解之。云故出入同文也者。解云即十四年夏四月己未衛侯衎出奔齊今此復日故曰同文也。云盜
国明至見矣者。解云正以復歸者出有惡入无惡故得為惡剽之文何者衎既盜国寧得无惡而入言復歸知更有所
見○夏晉侯使荀吴來聘○公會晉人鄭良

霄宋人曹人于澶淵○秋宋公殺其世子痤
座有罪故平公書葬。○座在禾反疏注座有罪至書葬。解云春秋之例君殺无罪大夫及在殺世子者皆不
書葬以明其合絕是以申生无罪不書獻公之葬至昭十一年經云叔弓如宋葬宋平公者正以座有罪故也若隱元年
鄭伯克段于鄢以其有罪故去弟座今若有罪仍言世子者正以段有當国之罪重故如其意與去其弟傳如国君氏上
鄭所以見段之惡逆矣今座之罪微不足去世子但是合罪之科故得存其辭矣○晉人執衛
甯喜此執有罪何以不得為伯討据甯喜弑君者称人而執非伯
討疏注称人而執非伯討者。解云僖四年傳文也不以其罪執之也明不
得以為功當坐撇人○八月壬午許男甯卒于楚。甯乃定反○
冬楚子蔡侯陳侯伐鄭○葬許靈公
二十有七年春齊侯使慶封來聘○夏叔孫

三十有一年春築臺于郎[illegible]

[illegible]

晉趙武楚屈建蔡公孫歸生衛石惡陳孔瑗鄭良霄許人曹人于宋。孔瑗二傳作孔奐。衛殺其大夫甯喜衛侯之弟鱄出奔晉衛殺其大夫甯喜則衛侯之弟鱄曷爲出奔晉 據與射姑同。鱄市轉反又音專一音直轉反射音亦又音夜 疏 注據與射姑同。解云即文六年晉殺其大夫陽處父狐射姑出奔狄傳云晉殺其大夫陽處父則狐射姑曷爲出奔彼注云據蔡殺其大夫公子燮蔡公子履出奔楚此非同姓恐見及然則今此亦據公子履出奔之事與射姑同故言據與射姑同矣其公子履之事在上二十年秋執鉄鑽者若似司弓矢云甲華椹鑽之類 爲殺甯喜出奔也曷爲爲殺甯喜出奔 據非同姓。爲殺于僞反下爲殺爲我爲衛注爲爲皆同 衛甯殖與孫林父逐衛侯而立公孫剽甯殖病將死謂喜曰黜公者

非吾意也孫氏爲之 黜尤出逐。黜公勑律反下文注同 我即死女能固納公乎 固尤必也喜者殖子殖本與孫氏共立剽而孫氏獨得其權故有此言。女音汝 喜曰諾甯殖死喜立爲大夫使人謂獻公曰黜公者非甯氏也孫氏爲之吾欲納公何如獻公曰子苟納我吾請與子盟 盟者欲堅固喜意 喜曰無所用盟 時喜見獻公多詐欲使公子鱄保之故辭不肯盟曰臣納君義也无用爲盟矣 請使公子鱄約之 喜素信鱄以爲鱄能保獻公 獻公謂公子鱄曰甯氏將納我吾欲與之盟其言曰無所用盟請使公子鱄約之子固爲我與之約矣公子鱄辭曰夫負羈縶 亦縶馬絆也。羈縶本又作馽下陟立反馬絆也絆音半 執

[illegible]

[illegible] 夫 [illegible] 人 [illegible]

[illegible] 大 [illegible] 人 [illegible]

[illegible]

鈇鑕從君東西南北則是臣僕庶孽之事也僕從者庶孽衆賤子猶樹之有孽生○鈇音甫又方于反鑕之實反從君才用反又如字注同孽魚列反又五割反注及下同若夫約言爲信則非臣僕庶孽之所敢與也鱄見獻公多詐不敢保○與音預獻公怒曰黜我者非甯氏與孫氏凡在爾爾汝以此語自從令必約之○令力呈反公子鱄不得已而與之約已約歸至殺甯喜獻公歸至國背約殺甯喜○背約音佩下同公子鱄挈其妻子而去之慙恚不能保獻公○挈苦結反恚一睡反將濟于河攜其妻子攜猶提也而與之盟恐乘舟有風波之害已意不得展故將濟豫與之盟曰苟有履衛地食衛粟者昧雉彼視昧割也時割雉以爲盟猶曰視彼割雉負此盟則如彼矣傳極道此者見獻公無信刺鱄兄爲臨臣刺[illegible]切剽[illegible]切所逐既不能救又移心事剽背爲姦約獻公雖復因喜得反國之小負未爲大惡而深以自絕所謂守小信而忘大義故小介而失大忠不爲君漏言者即漏言當坐殺大夫不得以正葬正葬明喜有罪○昧舊音劌亡結反一音末又音蔑割也見獻賢遍反下見此同復扶又反介音界

疏注誅之至大忠○解云獻公之入甯喜之由背甯弟之約殺所待之人應爲大惡而言小負者正以甯氏殺逐兩君累世同惡雖納舊君亦足掩其前罪今獻公違約殺之故謂之小負何氏必知小負者正以下二十九年秋葬衛獻公若殺無罪大夫例不書葬而獻公書葬甯喜有罪明矣喜既有罪則殺之者罪輕其罪既輕謂之小負不亦宜乎○注不爲至有罪解云君漏言者即文六年傳云射殺則其稱國以殺何君漏言也是也然則君漏言者即坐殺大夫故當去其葬而文六年晉襄公由漏言以殺處父而經書公子遂如晉葬晉襄公者正以彼經殺在葬後是以不得去其君葬矣○秋七月辛巳豹及諸侯之大夫盟于宋曷爲再言豹據盟于首戴不再出公疏注據盟至出公○解云即僖五年夏公及齊侯宋公以下會王世子于首戴秋八月諸侯盟于首戴是也殆諸侯

[illegible] 大夫賢 [illegible] 不 [illegible]

也殆危也危諸侯故再出豹懼録之曷爲殆諸侯據首戴不殆爲衛石
惡在是也曰惡人之徒在是矣衛侯衎不信而使惡臣石惡來故深
爲諸侯危懼其將負約爲禍原先見此者衎負鱄殺喜得書弃嫌於義絶可欲起其小負會盟再出不辛重者方再出豹
也石惡惡者下出奔是也疏注會盟至豹也。解云正以文十四年夏公會宋公以下同盟于新城辛盟以爲董
不言會于某今此會盟亟辛故須解之。冬十有二月乙亥朔日有
食之是后闇弑吳子餘祭蔡世子般弑其君莒人弑其君之應。闇弑音昏下音弑二十九年同祭側界反
疏注是后至之應。解云即下二十九年夏五月閽弑吳子餘祭三十年夏四月蔡世子般弑其君固三十一年
冬十月莒人弑其君密州是也

二十有八年春無冰豹羯爲政之所致疏注豹羯至所致解云成元年无
氷之下注云尚書曰舒恒燠若易京房傳曰當寒而温罔置也是時成公幼少季孫行父專權而委任之所致即其義也
而偏指豹羯者正以數年以來專見豹羯之事不見季孫見經明是時豹羯用事故也即上二十三年叔孫豹帥師救晉
次于雍渝二十四年叔孫豹如晉仲孫羯帥侵齊二十七年夏叔孫豹會晉趙武以下于宋案下文秋仲孫羯如晉二十
九年夏仲孫羯會晉荀盈以下城杞之屬是也。夏衛石惡出奔晉。邾婁
子來朝。秋八月大雩公方久如楚先是豫賦于民之所致疏注公方久
如楚。解云即下十一月公如楚二十九年夏五月公至自楚是也仲孫羯如晉。冬齊
慶封來奔。十有一月公如楚如楚皆月者危公朝夷狄也疏
注如楚皆月者。解云即此及昭七年三月公如楚皆月之屬是也。十有二月甲寅天
王崩靈王。乙未楚子昭卒乙未與甲寅相去四十二日蓋閏月也弃以閏數卒
不書閏者正取朞月明朞三年之喪始死得以閏數非死月不得數閏。閏數所主反下同期月居其反又作朞疏
注弃以閏至數閏。解云哀五年閏月葬齊景公傳云閏不書何以書注云据楚子昭卒不書閏傳云喪以閏數也注云

謂喪服大功以下諸喪當以閏月爲數傳又云喪曷爲以閏數注云據卒不書閏傳云喪數略也注云略尤殺也以月數恩殺故并閏數然則大功以下以月爲數故得數之故此注云葬以閏數云卒不書閏者正取朞月者以其取朞月故不得書閏矣何者以閏非正月故也以此言之明朞三年之喪始死在閏月得數之何者正以閏月者前月之餘故得繼前月言之若閏不在始死之月則不得數之何者朞三年皆以年計若通閏數之則不滿朞三年故也

二十有九年春王正月公在楚何言乎公在楚 据成十一年正月公在晉不書（疏）注据成至不書。解云即成十年秋七月公如晉十一年春王三月公至自晉則知正月之時公在晉明矣 正月以存君也 正月歲終而復始臣子喜其君父與歲終而復始執贄存之故言在在晉不書在楚書者惡襄公以在夷狄爲臣子危録之。而復扶又反下皆同惡襄烏路反下惡以同爲臣子于僞反下故爲爲季子傳凡爲同（疏）注臣子至言在。解云公在國時恒以歲首存之今君在楚不得行此事故書其所在云在晉不書云云者即成十一年是也若然案昭三十一年三十二年皆云春王正月公在乾侯何言在晉不書者昭三十年注云閔公運潰无尺土之居遠在乾侯故以存君書明臣子當憂納之然則閔公失国遠在晉地是以書之仍非常例也。夏五月公至自楚。庚午衛侯衎卒。閽弑吳子餘祭閽者何門人也 守門人號（疏）閽者何。解云欲言其臣閽非臣稱欲言非臣而得弑吳子故執不知問 刑人也 以刑爲閽古者肉刑墨劓臏宫與大辟而五孔子曰三皇設言民不違五帝畫象世順機三王肉刑揆漸加應世黠巧姦僞多。劓魚器反臏毗忍反辟婢亦反畫象音獲應世應對之應黠閑八反（疏）注以刑至而五。解云何氏所以必言古者肉刑者正以漢文帝感女子之訴怨君公之罪除肉刑之制故指肉刑爲古者矣知五刑爲此等者正以元命包云墨劓辟之屬各千臏辟之屬五百宫辟之屬三百大辟之屬二百列爲五刑罪次三千是也案周礼司刑職云墨罪五百劓罪五百刖罪五百宫罪五百大辟五百凡二千五百與此違者鄭駁異義云臯陶改臏爲剕呂刑有剕周改剕爲刖然則同刑職周刑也孔子爲春秋採摘古制是以元命包之文與司刑名異條目不同云孔子曰三皇設言民不違五帝畫象世順機三王肉

刑揆漸加應世黠巧姦僞多者寡孝經說文言三皇之時天下
醇粹其若設言民無違者是以不勞制刑故曰三皇設言民
無違也其五帝之時黎庶已薄故設象刑以示其恥當世之
人順而從之疾之而機矣故曰五帝畫象甲順幾也畫猶設
也其象刑者即唐傳云唐虞之象刑上刑赭衣不純注云純
緣也時人尚德義犯刑者但易之衣服自爲大恥中刑雜屨
屨屨也下刑墨幪幪巾也使不得冠飾周禮罷民亦然之刑
易三中刑易二下刑易一輕重之差以居州里而民恥之是
也三王之時物薄已甚故作肉刑以威恐之言三王必爲重
刑者正揆度其世以漸欲加而重之故曰揆漸加也當時之
人應其時世而爲黠巧作姦僞者與多手本用刑人則爲
此之故須爲重刑也云云之說備在孝經疏
爲謂之閽人名據非刑刑人非其人也以刑人爲閽非其人故變盜言
閽〔疏〕注以刑至言閽○解云曲礼上篇云刑人不在君側
則刑人不合爲閽故曰以刑人爲閽非其人也刑人弑君正
合言盜故哀四年盜弑蔡侯申之下傳云弑君賤者窮諸人
此其稱盜以弑何賤乎賤者也賤乎賤者孰謂謂罪人也
是其刑人弑君正合稱盜之文是以此注云故變盜言閽君

子不近刑人近刑人則輕死之道也刑人不自賴而用作
閽由之出入卒爲所殺故以爲戒不言其君者公家不畜士
庶不友放之遠地欲去聽所之故不繫國不繫國故不言其
君○不近附〔疏〕注刑人至其君○解云猶言不自重以君
近之近下同出人名輕賤之物云非可賴也又云公家
不畜士庶不友放之遠地欲去聽所之者出礼記王制文注
故不至其君者言故不繫國者謂不言吳閽也既不繫國則
絕君臣之義故不言弑其君矣○仲孫羯會晉荀盈[illegible]齊高止宋華
定衛世叔齊鄭公孫段曹人莒人邾婁人滕
人薛人小邾婁人城杞書者杞時微書能成王者後〔疏〕注世叔齊○解
云左氏經作大叔儀○晉侯使士鞅來聘鞅於丈反○杞子來
盟貶稱子者微弱不能自城危社稷宗廟當坐言諸侯城之復貶者諸侯自閔而城之非杞能以善道或存諸侯
〔疏〕注貶稱至當坐○解云杞是王者之後宋爲公但春秋
之義假魯爲王新周故宋黜杞爲伯是以莊二十七年

冬杞伯來朝注云杞夏後不稱公者春秋黜杞新周而故宋以春秋當新王然則杞之常爵正合稱伯而稱子者微弱不能自城危社稷宗廟當坐故也云云之說在僖二十三年○吳子使札來聘吳無君無大夫此何以有君有大夫據向之會稱国○札側八反

疏注據向之會稱国○解云即上十四年季孫宿叔老會晉士匄以下會吳于向是也賢季子也

何賢乎季子據聘不足賢而使賢有君有大夫荊人來聘是也疏注荊人來聘是也○釋曰即莊二十三年夏荊人來聘是也然則彼亦來聘而但稱人則知來聘之功不足褒美今得加文故怪之讓國也其讓國奈何謁也餘祭也夷眛也與季子同母者四與幷也幷季子四人季子弱而才兄弟皆愛之同欲立之以為君謁曰今若是迮而與季子國迮起也倉卒意○迮子各反起也卒七忽反季子猶不受也請無

與子而與弟弟兄迭為君迭猶更也○迭大結反更也更也音庚而致國乎季子皆曰諾故諸為君者皆輕死為勇飲食必祝祝因祭祝也論語曰雖疏食菜羹瓜祭是也○祝之又反又之六反注同疏食音嗣

疏故諸至為勇○解云言其或輕其死或為勇事即餘祭不遠刑人謁為巢門所殺是也○注論語至是也○釋曰論語鄉黨文言雖疏食菜羹瓜賫薄之物亦以祭其所先君子有事不忘本也引之者證飲食有祭之義吳子因此祭而得自祝也曰天苟有吳國猶曰天誠欲有吳國當與賢弟疏注猶曰至賢弟○釋曰言天誠有吳而不滅之我當將国以與賢弟也尚速有悔於予身尚猶努力速疾也悔咎予我也欲急致国于季子意疏尚速云予身○解云案成十七年左氏傳云晉士燮祈死下何氏作膏肓難之曰休以為人生有三命有壽命以保度有隨命以督行有遭命以摘暴未聞死可祈也昔周公之隆天不出妖地不出孽陰陽和調災害不生武王有疾周公植璧秉珪願以身代武王疾愈周公不夭由此言之死不可請偶自天祿欲盡矣

[illegible]

小國[illegible]

入向[illegible]

[illegible]

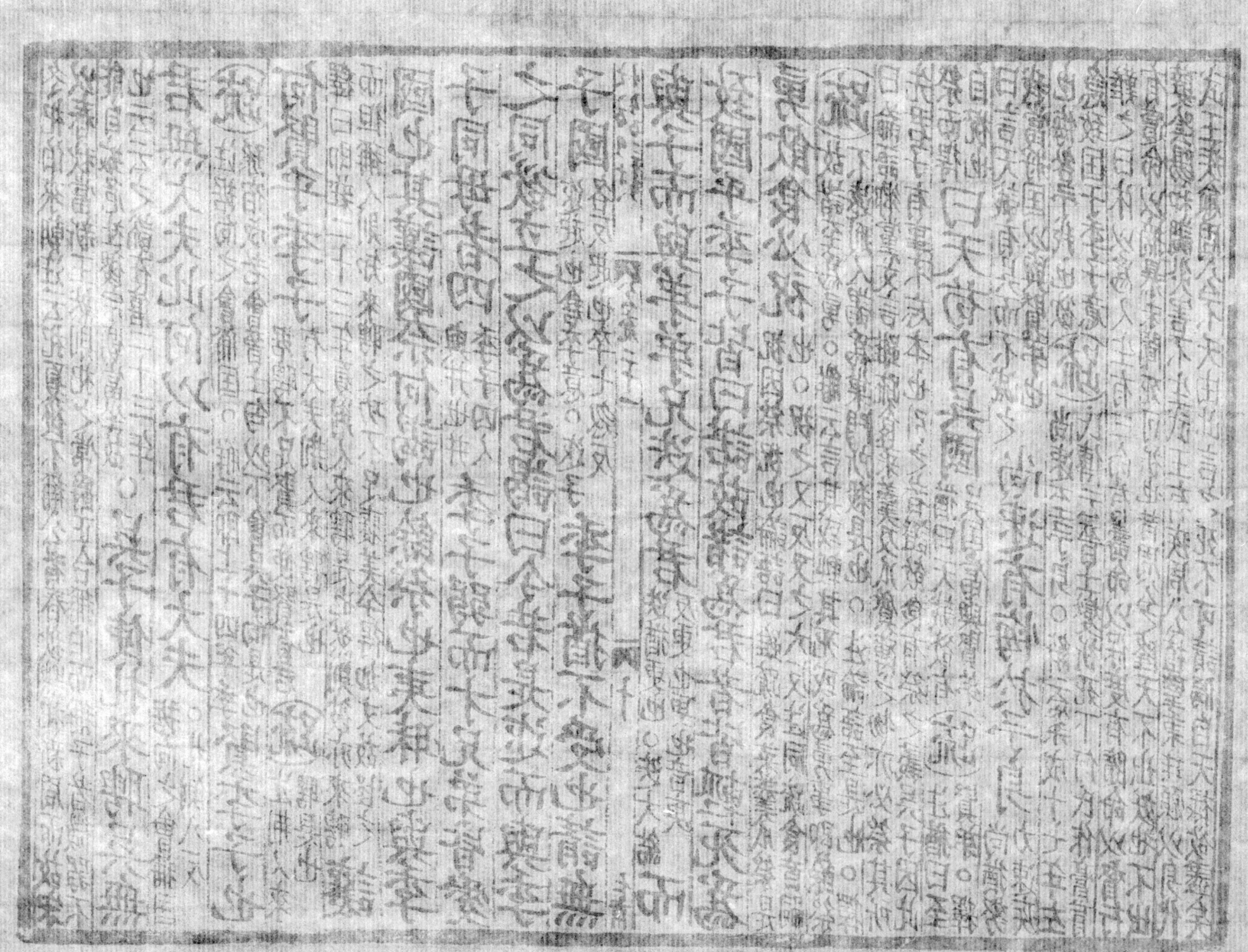

非果死今左氏以爲果死因著其事以爲信然於義左氏爲短然則今此謁等亦自祈死而得雖左氏者公羊此事直見
謁等愛其友弟致國無由精誠之至而願早卒遂忘死不可祈之義矣猶如周公代死子路請禱之類豈言謁等祈得死
乎而謁及餘祭之死或入巢之門或閽人所殺抑亦事非天眷也豈如左氏以果死爲信然故得難之然則季子仁者知
兄如此何不早去而今三君偶各自悔者蓋謁等相密謀季子不知是以未去耳故謁也死餘
祭也立故迭爲君（疏）故謁也死○解云在上二十五年餘祭也立在上二十六年餘祭也死在今年
夏夷昧也立在明年夷昧也死在昭十五年春季子使而反至而君之尔者在昭十五年凡爲季子之故也者三君皆年
故言凡凡者非一之辭餘祭也死夷昧也立夷昧也死則
國宜之季子者也季子使而亡焉僚者長庶
也即之緣兄弟相繼而即位所以不書僚篡者緣季子之心惡以己之是揚兄之非故爲之諱所以起至而
君之○季子使所吏反下同僚者力雕反長庶丁丈反下注同季子使而反至而君

之爾不爲讓國者僚已得國無讓也闔廬曰先君之所以不與
子國而與弟者凡爲季子故也將從先君之
命與則國宜之季子者也如不從先君之命
與則我宜立者也僚惡得爲君乎於是使專
諸刺僚闔廬謁之長子光專諸膳宰僚者貪炙魚因進魚而刺之○闔戶臘反廬力居反命與音餘下命與同
僚焉於虔反本又作惡音烏刺僚七賜反又七亦反注同耆市志反（疏）注闔廬至子光○解云正以上云則我宜
立故也○云專諸膳宰僚者貪炙魚因進魚而刺之者亦語文自闔廬以下至夫之延陵皆在昭二十七年而致
國乎季子季子不受曰爾弒吾君吾受爾國
是吾與爾爲篡也爾殺吾兄吾又殺爾是父
子兄弟相殺終身無已也兄弟相殺者謂闔廬爲季子殺僚○爾弒吾君申志

反注殺僚同簒初患反去之延陵延陵吳下邑禮公子無去國之義故不越竟終身
不入吳國不入吳朝既不忍討闔廬義不可留事（疏）注不入吳朝○解云正以延陵者竟
內之邑而言不入吳國故以朝廷解之故君子以其不受為義以其
不殺為仁故大其能去以其不以貧賤尚止故推二事與之（疏）注故大其能云○解云言
由其能去之故君子與之賢季子則吳何以有君有大夫據其本不
賢其君以季子為臣則宜有君者也方以季子賢許使有臣有大夫
故宜有君札者何吳季子之名也春秋賢者不名
此何以名許夷狄者不壹而足也故降字而名（疏）
札者何○解云欲言其名違賢者例欲言其字仍不足其氏故執不知問○許夷狄者不壹而足也者○解云壹而足者
即莊二十五年春陳侯使汝叔來聘是也季子者所賢也曷為不足乎

季子許人臣者必使臣許人子者必使子也
緣臣子尊榮莫不欲與君父共之字季子則遠其君夷狄常例離君父辭故一不足以隆父子之親厚君臣之義季子讓在
殺僚後豫於此賢之者移諱于闔廬不可以見讓故復因聘起其事○遠于萬反見賢徧反（疏）注季子至見讓
解云殺僚在昭二十七年夏言移諱于闔廬者移郄季子讓國之文諱去闔廬之殺是以不得見其讓矣故彼注云不書
闔廬弒其君者為季子諱明季子不忍父子兄弟自相殺讓國闔廬欲其高之故為没其罪也是也○秋九
月葬衞獻公○齊高止出奔北燕○燕音煙○冬仲
孫羯如晉
三十年春王正月楚子使薳頗來聘月者公數如晉希見
荅今見聘故喜錄之○薳于委反頗音皮又音彼一音普何反一本作畯者音同二傳作薳罷數所角反（疏）注月
者至錄之○解云文當言如晉是若有作如楚字者誤也言數如晉者即上三年春公如晉四年冬公如晉八年春公如

晉十二年冬公如晉二十一年春公如晉之屬是也在位之間五朝于晉故言數也言希見答者上十二年夏晉侯使士彭來聘二十九年夏晉侯使士鞅來聘是也魯侯五朝而晉人再答故謂之希二十八年公○如楚楚亦一報故喜録之也案上元年晉侯使荀瑩來聘而辭之言希者以其公如晉之前非答公之事故也○夏四月蔡

世子般弑其君固不日者深爲中國隱痛有子弑父之禍故不忍言其日○般音班深爲丁僞反下爲伯不爲爲中國同【疏】注不日至其日○解云欲道文元年冬十月丁未楚世子商臣弑其君髡以其是夷狄忍言其日也○五月甲午宋災伯姬卒伯姬守禮含悲極思之所生外災例時此日者爲伯姬卒日○思息吏反【疏】外災至卒日○解云外災例時即莊十一年秋宋大水莊二十年夏齊大災上九年春宋火之屬是也而昭九年夏四月陳火書月者正以楚人強暴行詐滅君子閔之故特月矣故彼注云月者閔之是也而昭十八年夏五月壬午宋衛陳鄭災而盡日者正以四國同日而俱災四國者天下象若曰無天下云爾故日之然則此不合日而日自爲伯姬卒故日若然即魯女之卒例合書日而莊四年三月紀伯姬卒不日者

彼夏六月乙丑齊侯葬紀伯姬何氏云卒不日葬日者魯本宜葬之故移恩録大於葬是也以此言之則知莊二十九年冬十有二月紀叔姬卒三十年八月癸亥葬紀叔姬亦是魯本宜葬之故移恩録大於葬也○天王殺其弟年夫王者得專殺書者惡失親親也未三年不去王者方惡不思慕而殺弟不與子行也不從直稱君者舉重也莒殺意恢以失子行録設迎殺弟不能書是也不爲諱者年夫有罪○年夫音佞又如字二傳作佞夫惡失烏路反下皆同去起呂反子行下孟反下子行其行同【疏】注王者至親也○解云諸侯之義不得專殺大夫若大夫有罪而殺之者皆惡于專殺是以書見今此天王也自得專殺若殺大夫宜不書之書者以其未王而殺母弟失親親故惡而書也○未三至子行○解云文九年毛伯來求金之下傳云何以不稱使當喪未君也踰年矣何以謂之未君即位矣而未稱王也未稱王何以知其即位以諸侯之踰年即位亦知天子之踰年即位也注云俱繼體其禮不得異以天子三年然後稱王亦知諸侯於其封內三年稱子也然則靈王之崩在二十八年十有二月則於此時未三年也未合稱王而稱王者責其在父服之內方當思慕而已而殺其母弟非人子之義是以直稱天王不與其子行也而昭二

夏四月蔡世子般弒其君固

五月甲午宋災伯姬卒

天王殺其弟年夫

十一年夏四月景王崩至二十二年秋七月天王居于狄泉亦未三年而稱天王者彼傳云此未三年其稱天王何著有天子也何氏云時庶孽並篡天王失位徙居微弱其故急著正其號明天下當以王事之是也○注不從至有罪○解云僖五年春晉侯殺其世子申生傳云曷爲直稱晉侯以殺殺世子母弟直稱君者甚之也注云甚之者甚惡殺親親也春秋公子貫於先君唯世子與母弟以今君錄親親也今舍國體直稱君知以親親責之然則殺世子母弟者皆直稱君甚之今經云天王殺其弟年夫者寧知不是直稱爵之例而知天王者乃是不與子行者正以其在父服之內而不思思慕反殺先君之子以此爲重故知義然云莒殺意恢以大夫子行錄者即昭十四年冬莒殺其公子意恢注云莒無大夫書殺公子者未踰年而殺其君之子不孝尤甚故重而錄之稱氏者明君之子是也云設但殺弟不能書是也者正以莒殺意恢以其在喪內故書而責之則知天王殺弟若不在喪不書矣其諸侯之義不得專殺大夫而言莒殺意恢在喪內乃書者正以意恢直言子之弟不爲大夫故也今此王者自得專殺若不在喪內何勞書乎故云設但殺弟不能書是也云不爲諱者年夫有罪者春秋之義雖言黜周而王魯乃實天子服內殺弟是甚惡何故不爲尊者諱因年夫有罪則臣者之惡稍輕是以春秋不復諱矣

○王子瑕奔晉稱王子者惡天子重失親親○重直用反又直勇反

（疏）注稱王至親親○解云正以文元年天王使叔服來會葬注云叔服王子虎也不繫王者不以親親疏錄也今此王子瑕言王子者正惡天王重失親親故也

○秋七月叔弓如宋葬宋共姬外夫人不書葬此何以書隱之也何隱爾宋災伯姬卒焉說在下也○共音恭其稱謚何据葬紀伯姬不言謚

（疏）注据葬至言謚○解云即莊四年齊侯葬紀伯姬是也然則宋伯姬得稱謚者以其賢故也即紀伯姬不言謚者不賢明矣若然案隱七年春王三月叔姬歸于紀何氏云叔姬者伯姬之媵也媵賤書者後爲嫡終有賢行紀侯爲齊所滅能勵隱約全竟婦道故重錄之然則紀叔姬亦有賢行而莊三十年葬紀叔姬之經不云謚者蓋以劣於宋伯姬故不得與之同文何者能勵隱約全竟婦道豈同守節盡誠逮火而死乎

賢也何賢爾宋災伯姬存焉有司復曰火至矣請出伯姬

[illegible]

○秋七月叔弓如宋葬宋共姬外夫人不書葬此何以書隱之也何[illegible]

[illegible]

○王子瑕奔晉

[illegible]

曰不可吾聞之也婦人夜出謂有事宗廟不見傅母
不下堂禮后夫人必有傅母所以輔正其行衛其身也選老大夫為傅選老大夫妻為母○傅母如字又武
斷反本又作姆同疏注選老至為母○解云春秋說文作時王之禮逮乎火而死者為火所逮環而死也傅
至矣母未至也逮乎火而死故賢而錄其說○鄭良霄
出奔許自許入于鄭鄭人殺良霄○冬十月
葬蔡景公賊未討何以書葬君子辭也君子為中國諱
使若加弒月者弒公比髡原恥尤重故足諱辭○加弒音試下同疏注君子至加弒○解云凡君弒者雖賊未
討亦書其君葬故昭十九年夏五月戊辰許世子止弒其君
買冬葬許悼公傳云賊未討何以書葬不成于弒也○注月
者至諱辭○解云即上七年冬十二月鄭伯髡原如會未見
諸侯丙戌卒于操傳云諸侯卒其封內不地此何以地隱之
也何隱爾弒也孰弒之其大夫弒之曷為不言其大夫弒之
為中國諱也八年夏葬鄭僖公傳云賊未討何以書葬為中
国諱也何氏云探順上事使若無賊然不月者本會當去蔡
責臣子故不足也然則案彼髡原為大夫所弒雖為中国諱
而書其葬猶責不足其文今此蔡侯為子所弒此
於髡原為恥尤重是以足其諱辭備書時月也○晉人
齊人宋人衛人鄭人曹人莒人邾婁人滕人
薛人杞人小邾婁人會于澶淵宋災故宋災
故者何諸侯會于澶淵凡為宋災故也會未
有言其所為者此言所為何錄伯姬也重錄伯姬
之賢為諸侯所閔憂○凡為于偽反下及注所為同疏宋災故者何○解云上下諸會不錄所為皆此特書故執
不知問諸侯相聚聚斂也相聚斂財物而更宋之所喪更復也如
今俗名解浣衣復之為更衣○更宋音庚又古孟反復也償也所喪息浪反下注同浣户管反曰死者不
可復生爾財復矣復者如故時諸侯共償復其所喪○復生扶又反償常亮反此

[illegible]

有言其[illegible]近言[illegible]

[illegible]宋人衛人入鄭宋人蔡人衛人伐[illegible]

[illegible]

[illegible]侯薛侯來朝[illegible]

[illegible]公會鄭伯于[illegible]

[illegible]冬十有一月壬辰公薨[illegible]

[illegible]

曰不可言[illegible]

大事也曷爲使微者據詳錄所爲故卿也卿則其稱
人何貶曷爲貶據善事也卿不得憂諸侯也□□辭各諸侯使
之恩實從卿發故貶起其事明大夫之義得憂內不得憂
外所以抑臣道也宋憂內非貶者非救危亡禁作禍也
疏注時雖至其事○解云以此言之若恩從君發而使大夫行
之雖其非正罪不至貶也○注明大至臣道○解云在禮家
施不及國而言得憂內者正謂救危亡之時助君憂內不謂
自專行之以此言之若助君憂內以救危之時雖恩發大夫
不合譏○注宋憂至福也○解云言宋雖遭災未至於滅而
恩發於大夫外求鄰國近乎作福是以禁之洪範云惟辟作
福惟辟作威今乃大夫
行之故云禁作福也

三十有一年春王正月○夏六月辛巳公薨
于楚宮公朝楚好其宮歸而作之故名之云爾作不書者見者不復見○好其呼報反見者賢遍反下同
疏注公朝至云爾○解云正以上言公如楚公至自楚下言公薨于楚宮故云朝楚好其宮歸而作之故名楚宮

○注作不至復見解云哀公三年夏五月辛卯桓宮僖宮災
傳云此皆毀廟也其言災何復立也曷爲不言其復立春秋
見者不得見也何氏云謂內所改作也哀自立之善惡獨在
哀故得省文然則言見者不復見謂春秋之義諸是內所改
作者但隨其重處一過見之而已其餘輕處不復見之所以
然者正以哀自作之還於哀上災之善惡獨在於哀故得省
文矣今此作楚宮亦是襄自作之還復襄自薨之善惡獨在
於襄故得省文故引彼傳云見者不復見也以此言之則知
成六年立武宮昭十五年有事于武宮亦是內所改作而重
見者正以成公立之至昭乃有事立之孫之者異故不得省
文○秋九月癸巳子野卒○己亥仲孫羯卒○
冬十月滕子來會葬此書者與叔服同義疏注此書至同義○解云文九年春
天王使叔服來會葬傳云其言來會葬何會葬禮也何氏云
常事書者文公不肖諸侯莫肯會之故書天子之厚以起諸
侯之薄然則今此會葬亦是常禮而書之者亦是襄公不肖
諸侯莫肯會之故書滕子之厚以起諸侯之薄故云與叔服
同義○癸酉葬我君襄公○十有一月莒人弒
矣

三十有一年春王正月○夏六月辛巳公薨于楚宮

秋九月癸巳子野卒○己亥仲孫羯卒○冬十月滕子來會葬○癸酉葬我君襄公○十有一月莒人弑其君密州

其君密州莒子紏去疾及展立莒子廢之展因國人莒子殺之去疾奔齊稱人以弑者莒無大夫密州為君惡民所賤故稱國以弑之

監本附音春秋公羊註疏襄公卷二十一

何休學

元年春王正月公即位○叔孫豹會晉趙武楚公子圍齊國酌宋向戌衛石惡陳公子招蔡公孫歸生鄭軒虎許人曹人于漷 戌惡皆與君同名不正之者正之當貶貶之嫌觸大惡方譏二名爲諱義當正亦可知○國酌二傳作國弱 招上遥反 軒虎軒依字許言反舊音罕二傳作罕虎 漷音郭又音號左氏作虢穀梁作郭

疏 齊國酌○解云亦有作齊國弱者○注戌惡至大惡○解云下七年秋衛侯惡卒十年冬宋公戌卒知向戌齊惡皆與君同名然則君臣者父子之倫寧有同名之理今二子與君同名乃是不可之甚而春秋不正之者若正之當一云其氏或貶稱人若其去氏嫌如宋督宋山齊無知之屬若其稱人嫌如襄三十年澶淵之大夫有作福之大惡由茲進退不得正之然則君臣同名不孰之甚得不爲大惡者正以名者父之所置已父未必爲今君之臣已或先世子而生君子既亂孔有不更名之義是以春秋謂之小惡曲禮下篇云不敢與世子同名鄭注云其先之生則亦不改義亦通於此以此言之則知無駭入極之屬自是大惡故去其氏族卒皆書會齊師之屬未命大夫正合無氏須辟嫌故○注方譏至可知○解云定六年冬季孫斯仲孫忌帥師圍運傳云此仲孫何忌也曷爲謂之仲孫忌譏二名二名非禮也何氏云爲其難諱也一字爲名令難言而易諱所以長臣子之敬不逼下也春秋定哀之間文致太平故見王者治定無所復爲譏唯有二名故譏之此春秋之制也然則所見之世文致太平一名皆小過猶尚譏之况名不辟君乃小惡之大者乎當須正之亦可知矣總三世言之明當太平之首所以不譏二名而定哀之間乃譏之者蓋欲析而言之未當孔子之時故也云云之說在定六年

此陳侯之弟招也何以不稱弟 據八年稱弟

疏 注據八年稱弟○解云即八年經云春陳侯之弟招殺陳世子偃師是也

貶曷爲貶 據八年殺偃師猶不貶 爲殺世子偃師貶曰陳侯之弟招殺陳世子偃師大夫相殺

秋曰陳侯之弟招殺陳世子偃師大夫相殺……

[illegible]

也何以不稱弟……殺世子母弟直稱君者甚之也……

[illegible]

……

元年春王正月公即位○……

……

何休學

稱人此其稱名氏以殺何難八年事○爲殺于僞反下注爲內爲仕皆同難八乃旦反二年注同（疏）曰陳至偃師○解云先舉八年經文然後難之○大夫相殺稱人○解云文十六年宋人弒其君處臼之下師解故此弟子舉而難之言將自是弒君也明其欲弒君故令与弒君而立者同文孔瑗弒君不謀在招○令力呈反（疏）言將至君也○解云世子者君之副貳今而殺之明其從是以後有弒君之心故稱其名氏不作兩下相殺辭矣○注明其至同文○解云兩下相殺例自稱人今欲明自是弒君故与文十四年齊公子商人弒其君舍文同矣若然大夫相殺稱人而宣十五年王札子殺召伯毛伯亦是大夫相殺而不稱人殺者彼注云大夫相殺不稱人者正之諸侯大夫顧弒君重故降稱人王者至尊不得顧是也○注孔瑗至在招○解云案昭八年春陳侯之弟招殺陳世子偃師夏四月辛丑陳侯溺卒竟无孔瑗弒君之文而知孔瑗弒君者正以八年下文冬十月壬午楚師滅陳執陳公子招放之于越殺陳孔瑗葬陳哀公當爾之時楚人託討于陳以殺世子伯適放之而已孔瑗見殺明其弒君故也是以九年陳火之下傳云滅人之國執人之罪人殺人之賊葬人之君以此言之知孔瑗爲弒君賊矣而經不書孔瑗弒君者本爲招欲弒當舉招爲重也但招有討不成爲弒陳侯溺卒者但自卒耳何氏之意見招作弒君之文故知本謀在招也本謀在招則招當爲首而楚人所以不殺招但放之者蓋楚失其意或陳招歸罪於孔瑗是以但罪於孔瑗而招但罪其殺世子之簒遂免弒君之咎春秋体其事故於殺世子經書其名氏矣今將爾詞曷爲與親弒者同君親無將將而必誅焉然則曷爲不於其弒焉貶據未弒也（疏）今將至者同○解云言招但與孔瑗爲謀首而將欲弒陳侯爾而經曷爲書招名氏乃與親弒者同文乎○注據未弒也○解云據今仍未弒而已貶去其弟曷爲不於八年殺世子時貶之乎以親者弒然後其罪惡甚春秋不待貶絕而罪惡見者不貶絕以見罪惡也招殺偃師是也○見者賢遍反下同（疏）以親至惡也○解云傳言此者欲道八年之時罪惡大甚不假貶絕也云春秋不待貶絕而罪惡見者云云者解之而言春秋者欲消上下通例如此不爲此文貶

何休學

元年春王正月公即位○叔孫豹會晉趙武楚公子圍齊國酌宋向戌衛石惡陳公子招蔡公孫歸生鄭軒虎許人曹人于漷戌惡皆与君同名不正之者正之當貶貶之嫌觸大惡方譏二名為諱義當正亦可知○國酌二傳作國弱招上遙反軒虎軒依字許言反舊音罕二傳作罕虎鄭音郭又音虢左氏作虢穀梁作郭

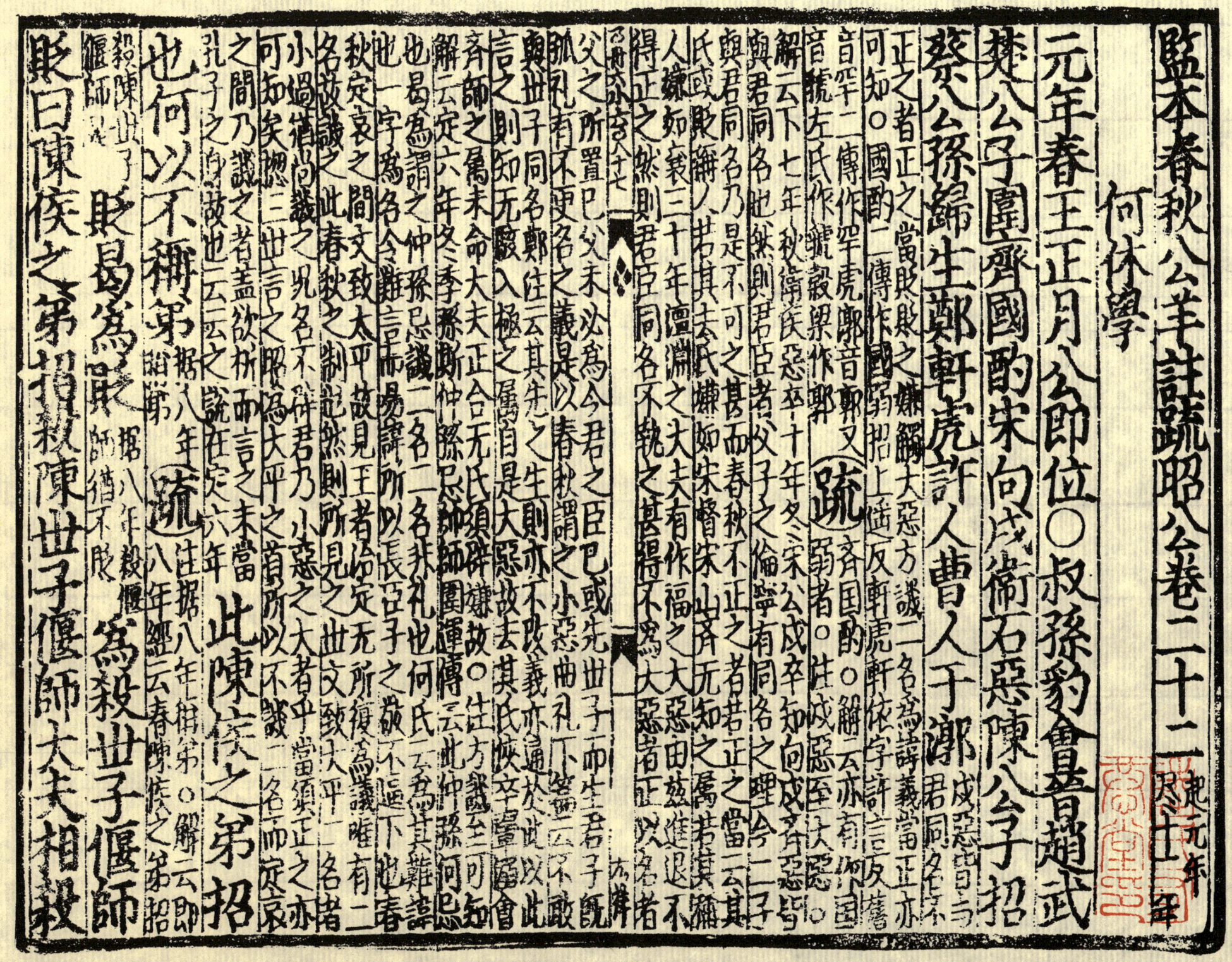

疏齊国酌○解云亦有作国弱者○注戌惡至大惡○解云下七年秋衛侯惡卒十年冬宋公成卒知向戌衛石惡皆與君同名也然則君臣者父子之倫寧有同名之理今二子與君同名乃是不可之甚而春秋不正之者若正之當云其氏惑貶稱人若其去氏嫌如宋督宋山齊无知之屬若其稱人嫌如襄三十年澶淵之大夫有作福之大惡由茲進退不得正之然則君臣同名不執之甚得不為大惡者正以名者父之所置已父未必為今君之臣已或先世子而生君子既觚礼有不更名之義是以春秋謂之小惡曲礼下篇云不敢與世子同名鄭注云其先之生則亦不改義亦通於此以此言之則知无嚴入極之屬自是大惡故去其氏嫌卒皆屬會齊師之屬未命大夫正合无氏須辟嫌故○注方譏至可知解云定六年冬季孫斯仲孫忌帥師圍運傳云此仲孫何忌也曷為謂之仲孫忌譏二名二名非礼也何氏云為其難諱也一字為名令難言而易諱所以長臣子之敬不逼下也春秋定哀之間文致太平故見王者治定无所復為譏唯有二名故譏之此春秋之制也然則所見之世文致太平一名者小過猶尚譏之况名不辟君乃小惡之大者乎當須正之亦可知矣揔三世言之聣為太平之首所以不譏二名而定哀之間乃譏之者蓋欲析而言之未當孔子之身故也云云之說在定六年

此陳侯之弟招也何以不稱弟據八年稱弟疏注據八年稱弟○解云即八年經云春陳侯之弟招殺陳世子偃師是也貶曷為貶據八年殺偃師猶不貶為殺世子偃師貶曰陳侯之弟招殺陳世子偃師大夫相殺

絶然後罪惡見者貶絶以見罪惡也招稱公子及楚人討
夏徵舒貶皆是也疏注招稱公子○解云此文是也○注及楚至徵舒○解云即宣十一年冬十月楚人殺陳
夏徵舒傳云此楚子也其稱人何貶曷為貶不與外討是也今招之罪已重矣曷
為復貶乎此据棄疾不谿貶○復扶又反疏今招至乎此○解云此今謂八年之時言
八年殺世子之時將有弑君之意即是其罪已重矣何不逐
其重惡而貶之曷為又復谿貶於此○注据棄疾不谿貶○
解云下十一年夏楚公子棄疾師師圍蔡至十三年夏楚公
子弃疾弑公子比與招殺偃師無異弃疾於圍蔡之時不谿
貶此則貶之故以為難也著招之有罪也何著乎招之有罪
据弃疾不著言楚之託乎討招以滅陳也起楚託討招以滅陳意也
所以起之者八年先言滅後言執託討招不明故谿則於此明楚先以正罪討招乃滅陳也疏注所以至陳也
解云八年經云冬十年壬午楚師滅陳執陳公子招放之于
越殺陳孔瑗葬陳哀公是其先言滅後言執之事也言託討

侯吉劉
公卷二十二
三
陸基郎

招不明者正以君其託討宜先執後滅今乃先言滅後言執
是託討不明楚先以正罪討招乃滅陳也而八年經先書滅
者彼注云託義不先書者本懷滅心然則楚人本懷滅人之
心故先書滅而宣十一年冬十月楚人殺陳夏徵舒丁亥楚
子入陳先書討賊乃言入陳者莊王討賊之後始有利陳國之意故後書入也○三月取運運
者何內之邑也其言取之何据自魯之有不聽也不聽
者叛也不言叛者為內諱故書取以起之不先以文德來之
而便以兵取之當與外取邑同罪故書取月者為內喜得之
疏運者何○解云欲言內邑而經書取欲言內邑文無所
繫故執不知問○注月者為內喜得之○解云正以僖
三十一年春取濟西田不書月故知此月者以其是內之叛
邑喜討得之故也是以彼注云以不月者與取運異知非內
叛邑故言取是也秦無大夫者正以文十二年秋秦伯使遂
來聘傳云秦無大夫此何以書賢繆公也何賢乎繆公其為
能變然則秦處西戎罕接諸夏賢于繆公始有大夫自爾以
來常多略化春秋徧之無大夫名氏今得書見是以据而問
之○夏秦伯之弟鍼出奔晉秦無大夫此何

以晉仕諸晉也為仕之於晉書○鍼其廉反曷為仕諸晉據國地足以祿之有千乘之國十井為一乘公侯封方百里凡千乘伯四百九十乘子男三百五十乘時秦侵伐自廣大故曰千乘○千乘繩證反注同疏注公侯至千乘　解云王制文連言侯者據有功者言之云伯四百九十乘者正以王制云伯七十里故也云時秦侵伐自廣大故曰千乘者正以此伯故也而不能容其母弟故君子謂之出奔也弟賢當任用之不肖當安處之乃仕之他國與逐之無異故云爾○六月丁巳邾婁子華卒○晉荀吳帥師敗狄于大原此大鹵也曷為謂之大原據讀言大原也○大原音泰下同鹵力古反疏晉荀至大原　解云案左氏作大鹵字穀梁與此同○此大鹵至大原　解云案古史文及夷狄之人皆謂之大鹵而今經與師讀皆謂之大原故難之○注據讀言大原也　解云時公羊子亦讀言大原也地物從中國以中國形名言之所以曉中國教殊俗也疏他物

從中國　解云言所以今經與師讀皆言大原者正以地與諸物之名皆須從諸夏名之故也○注以中至言之　解云謂諸夏之稱皆從地之形勢為名此地形勢高大而廣平故謂之大原云所以曉中國教殊俗也者本史及夷狄皆謂之大鹵而今經與師讀必謂之大原者正以曉中國之人教有殊俗之義故也邑人名從主人邑人名自夷狄所名也不若地物有刑名可得正故從夷狄辭言之疏邑人名從主人　解云此主人謂夷狄也言大原人道云之時從其夷狄皆謂之大鹵故注云邑人名自夷狄所名也○注不若至言之　解云諸夏地物有形名言之夷狄之俗不如諸夏之地物有形勢之名也可得正者猶言可能正是故本史及邑人止從夷狄辭言之謂之大鹵也原者何上平曰原下平曰隰分別之者地勢各有所生原宜粟隰宜麥當教民所宜因以制貢賦○隰音習別彼列反疏原者何　解云春秋之文既同明是廣大之義原鹵名異未有分別之言故以不知問之○上平曰原　解云釋地云廣平曰原李氏云廣平謂土地寬博而平正者名原然則此言上平者蓋欲對隰言之故謂之上平其實與爾雅廣平不異○下平曰隰　解云釋地云下濕曰隰李氏云下濕謂土

[illegible]

[illegible]中國[illegible]

[illegible]大[illegible]

[illegible]六月[illegible]

[illegible]

地欲下但當名爲濆濆然則此言下平者正欲對上平言之仍與濆不異○秋莒去疾自齊
入于莒。○莒展出奔吳主書去疾者重篡也莒無大夫書展者起與去疾爭篡當
國出奔言自齊者當坐有力也皆不氏者當國也不從莒無大夫去氏者莒殺意恢稱公子篡重不嫌本不當氏○去疾
起呂反、疏注莒無至當氏　解云在莊二十七年傳文云當國出奔者正以襄三十一年冬莒人弒其君密州
今言去疾之入入者出入惡之文而文不氏故知出時爲當國也既是當國正合書入而言自齊者刺齊有力矣其出奔
不書者春秋之義微者出入不兩書故也云皆不氏者當國也者正以隱元年鄭伯克段于鄢之下傳云何以不稱弟當
國也則此等下言公子者是當國之文注不從云云者下十四年冬莒殺其公子意恢何氏云莒無大夫書殺公子者
未踰年而殺其君之子不孝大甚故重錄之稱氏者明君之子也然則莒爲小國大夫名氏例不錄見假有錄者名氏不
具即莒慶之屬無氏是也今此去疾之徒寧知不爾強云當國故不當氏者正以莒殺意恢重而錄氏今邪庶並篡其事
非輕固宜重而錄之但欲當國爲君故如其意使惡逆見也然則意恢事重故稱公子今亦篡重明其未敗之時亦合稱

小十四十三　大六十七　公九　二十二　五　訪甫

氏故云篡重不嫌本不當氏也○叔弓帥師疆運田。疆運田者何
與莒爲竟也疆竟也與莒是正竟界莒言城中丘○疆運居良反下同疏疆運田者何
解云欲言正界而經書帥師欲言侵伐而道疆運故執不知
問○與莒爲竟也　解云若言與莒人共作竟界○注若言
城中丘　解云隱十年夏城中丘傳云何以書以重書也何
氏云以功重故書當稍稍補完之至令大崩弛壞敗然後發
衆城之猥苦百姓空虛國家故言城明其功重與始作無異
則彼若稍稍補完則輕而不書至於功重故書而刺之今此
魯若在前之時少侵即正則輕而不書至於大敗而與師發衆乃能正之明其功重與始取無異故若城中丘與
莒爲竟則曷爲帥師而往据非侵伐畏莒也畏莒有賊臣亂
子而與師與之正竟刺魯微弱失操煩擾百姓疏注畏莒至百姓　解云襄三十一年莒人弒其君密州是爲賊
臣而二子爭篡是爲亂子魯人見其賊亂恐其轉侵是以與
正與之正竟賊亂之人自救無暇焉能轉侵乎故云微弱失
操煩擾百姓也○葬邾婁悼公。○冬十有一月己酉楚子

[illegible]○東面而征西夷怨[illegible]

[illegible]

南面而征北狄怨[illegible]

[illegible]

曰奚為後我[illegible]

[illegible]

民望之若大旱之望雲霓也[illegible]

[illegible]

歸市者不止耕者不變[illegible]

[illegible]

卷卒。卷音權左氏作縶 疏 楚子卷卒 解云左氏作縶字二小傳本亦有作縶字者 。楚公

子比出奔晉辟內難也 疏 注辟內難也 解云正以更無他事於君薨之際而出奔故知止應辟內難故也

二年春晉侯使韓起來聘。夏叔弓如晉。

秋鄭殺其大夫公孫黑。冬公如晉至河乃

復其言至河乃復何據公如晉次于乾侯而還言至自乾侯不言至乾侯乃復 疏

注據公至乃復 解云即下二十八年春公如晉次于乾侯二十九年春公至自乾侯是也 不敢進也 疏

乃難辭也時聞晉欲執之不敢往君子榮見與恥見距故諱使若至河河水有難而反。乃難乃旦反下有難同

注乃難辭也 解云宣八年傳文云故諱使若至河河水有難而反者若如川之滿不可游也然 。季孫

宿如晉

三年春王正月丁未滕子泉卒 疏 滕子泉卒 解云左

如字又作泉 公元二十二 之 沛甫

氏穀梁作原字 。夏叔弓如滕。五月葬滕成公月者襄公上葬

諸侯莫肯加禮獨滕子來會葬故恩錄之明公當自行不當遣大夫失禮尤重以責內 疏 注月者至錄之 解

云卒月葬時者小國之常典下六年夏葬杞文公之屬是也今而書月故以為恩錄之言襄公上葬者謂上十一年葬襄公時

也言諸侯莫肯加禮獨滕子來會葬者即襄三十一年夏公薨于楚宮冬十月滕子來會葬癸酉葬我君襄公是也。注

明公至責內 解云公羊之義鄰國諸侯及鄰國夫人喪皆公自會葬故異義公羊說云襄公三十年叔弓如宋葬宋共姬

譏公不自行是也然則凡平諸侯之葬公猶自行況其加禮於己者乎故言失禮尤重以責內也 。秋小邾

婁子來朝。八月大雩先是公季孫宿比如晉 。冬大雨雹

為季氏。雨于付反。雹步角反為于偽反 。北燕伯款出奔齊名者所見世著治大

平責小國詳錄出奔當誅。治直吏反大音泰 疏 注名者至當誅 解云春秋之義有三世異辭入所見之世小

國出奔而書其名故知譏然也即莊十年譚子奔莒僖五年

弦子奔黃十年溫子奔衛成十二年周公出奔晉之屬皆不

十有一月己酉楚子卷卒○楚公子比出奔晉 [illegible]

二年春晉侯使韓起來聘○夏叔弓如晉 [illegible]

秋鄭殺其大夫公孫黑○冬公如晉至河乃復 [illegible]

[illegible]

三年春王正月丁未滕子原卒 [illegible]

夏叔弓如滕○五月葬滕成公 [illegible]

[illegible]

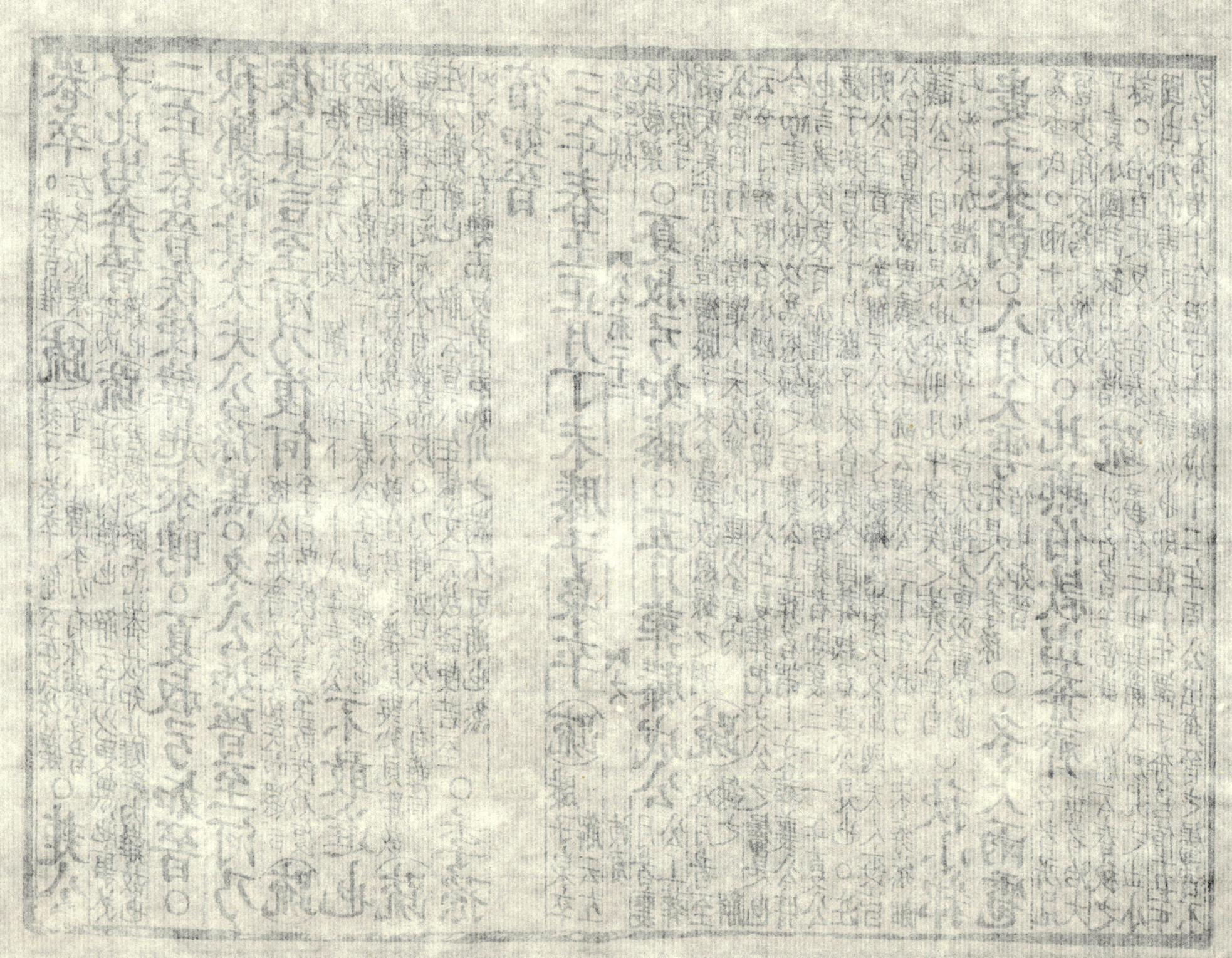

名至于此文北燕北款下三十年冬徐子章禹出奔楚之國皆書其名是也言出奔當誅者謂太平之世民皆有礼况於諸侯不死社稷而棄國出奔當合誅滅矣

四年春王正月大雨雪為季氏○大雨雪于付反左氏作大雨雹為季于偽反下文及注為齊誅並同（疏）大雨雹○解云案正本皆作雹字左氏經亦作雹字故賈氏云穀梁作大雨雪今此君有作雪字者誤也○夏楚子蔡侯陳侯鄭伯許男徐子滕子頓子胡子沈子小邾婁子宋世子佐淮夷會于申不殊淮夷者楚子主會行義故君子不殊其類所以順楚而病中国（疏）注不殊至中國○解云內諸夏外夷狄者春秋之常典而不殊淮夷者正以此會楚子為主會行義其行義者即下文為齊誅是也故君子不殊其類者君子謂孔子孔子作春秋不殊楚之類孔子之意所以然者正欲順楚之事而病諸夏之衰微何者言楚夷狄尚能行義以相禁顯況於諸夏反不能然故得病之若然春秋之式傳聞之世內其国外諸夏所聞之世內諸

夏外夷狄所見之世治致太平錄夷狄則不殊淮夷因其宜也何則此注云由楚子主會行義君子不殊其類者正以等是太平亦有麤細昭當其父非已得事定哀之世乃醇粹也是以定六年仲孫氏之下何氏云春秋定哀之間文致太平故見王者治定無所復為譏唯有二名故譏之是也然則淮夷始見安行無礼是以此經更無進稱未嘗定哀之間仍合外限但由楚子主會故得不殊是以何氏更為立義矣楚人執徐子○秋七月楚子蔡侯陳侯許男頓子胡子沈子淮夷伐吳執齊慶封殺之此伐吳也其言執齊慶封何為齊誅也故繫之齊其為齊誅奈何慶封走之吳以襄公二十八年奔魯自是走之吳不書者以絕于齊在魯不復為大夫賤故不復錄之○不復扶反又下同（疏）注以襄公至奔魯○解云即彼云冬齊慶封來奔是也○注不書至錄之○解云案如此經上言伐吳則犯吳之文已著何得注云使防繫吳嫌犯吳也正以慶封注前已封于防為小國矣但諸侯之義不得專封是以春秋奪言伐

吳矣實言之非伐吳矣今日此經若言入防則更成上伐吳之文實伐吳則為犯吳若直言入防執齊慶封殺之則恐防是齊邑是以進退不得作文也吳封之於防不書入防者使防繫吳嫌犯吳也去吳嫌齊邑也○去起呂反然則曷為不言伐防据防已為国不與諸侯專封也故奪言伐吳慶封之罪何脅齊君而亂齊國也道爲齊誅意也稱侯而執者伯討也月者善義兵疏注稱侯至討也○解云僖四年傳文上下更無稱爵以執大夫之事唯此一經可以當之故何氏言焉若然案如此經不重出楚上以爲伯討之義僖二十一年秋宋公楚子陳侯以下會于霍執宋公以伐宋傳云曷為不言楚子執之不與夷狄之執中国者正以此經楚子為會主而序于上下言執慶封殺之可以因上文不勞重出也既得因上文即是稱爵以執之故知爲伯討案霍之經宋公序上乃次楚子下言執宋公明知不得因上文矣既不因上文而不更出楚子不與夷狄之執諸夏故也云月者善義兵也者正以侵伐例時故也遂滅厲莊王滅蕭日此不日者靈王非賢責之略○滅厲如字又音賴左氏作賴疏遂滅厲○解云有作賴字者○注莊王至之略○解云宣十二年冬十有二月戊寅楚子滅蕭彼注云日者屬上有王言今反滅人故深責之是也然則以靈王非賢故責之略還依常例書月若似莊十年冬十月齊師滅譚之屬是○九月取鄫其言取之何据国言滅疏注据国言滅○解云即滅譚滅遂之屬是也滅之也滅之則其言取之何內大惡諱也因鄫上有滅文故使若取內邑疏內大惡諱也○解云隱二年無駭入極之下傳云此滅也其言入何內大惡諱也今又重發之者正以入取之文不同故也○注因鄫至內邑○解云直言取鄫言上有滅文者即襄六年秋莒人滅鄫是也內取邑直言取者上元年三月取運之屬是也言上有滅鄫之文鄫不復爲国因此之故遂直言取若似內自取邑然則襄六年之時鄫已見滅今而言取者彼直取後乎莒非其滅是以魯人今得取之以此言之則無駭入極不言取者正以極上無滅文故也○冬十有二月乙卯叔孫豹卒

五年春王正月舍中軍舍中軍者何復古也

[illegible]冬十有二月[illegible]

[illegible]也[illegible]之[illegible]人[illegible]疏[illegible]內大惡諱也

[illegible]月取邑[illegible]其言取之何[illegible]疏[illegible]

[illegible]

[illegible]疏[illegible]

[illegible]甘[illegible]地[illegible]不[illegible]其[illegible]事[illegible]

善復古也○舍中音捨下及注同[疏]舍中軍 解云襄十一年時於司馬之下爲之置中卿之官令助司馬爲軍將添前司徒司空之屬爲三軍踰王制故於彼經云作三軍以譏之今還依古禮舍司馬不復令作將軍故曰舍中軍○舍中軍者何 解云欲言非禮實如王制欲言是禮不應復書之故執不知問○復古也 解云正以魯僭爲州故正舍二軍今舍僭從禮故曰復古是以隱五年注云方伯二師是也○注善復古也 解云言舍僭從禮正是常事而書之者正以當時皆僭獨自能抑從禮善其復古是以書之故云善復古也

然則曷爲不言三卿據上言作三軍等問不言軍云卿若上師解言三卿因以爲難○爲難乃旦反下同[疏]注據上言作三軍 解云弟子之意見上文襄十一年時云道作三軍今曰舍之應言舍三軍而言舍中軍與上文異故難之○注等問至爲難 解云襄十一年傳云三軍者何三卿也然則今於此問何故不云曷爲不言舍三軍而言卿者正以上文襄十一年時師解以爲三軍者何三卿也是以弟子因而難之云曷爲不言舍三卿

五亦有中三亦有中此乃解上作三軍特意作時益中軍不可言中軍者五亦有中三亦有中不知何中也今此據上作三軍不言中則益三之中舍三之中皆可知也弟子本據上言作三難下中不言三也如師解言本益中故下言舍中爲異辭復據下中難上不言中故解上以解下如此則下不言三亦可知也不言卿者欲同上下文以相起傳不足以解之者以上解下文當同亦可知月者善錄之○爲于僞反復扶又反[疏]五亦至有中 解云襄十一年時益司馬之職更令將軍正是作中而不言作中軍者正以五亦有中三亦有中若言作中軍嫌是五之中故變言作三軍若欲寔入而言之正是作中軍故至舍時云道中軍矣○注此乃至三也 解云上謂襄十一年時也云作時益中軍者謂於司馬之下置中卿令助司馬將軍添前二軍爲三軍故曰作時益中軍也云今此據上作三軍不言中云三者今此公羊子據上作三軍時不言中之意故言五亦有中三亦有中也如此則上益三之中下舍三之中皆可知矣何者上言作三軍下言舍中軍則非五之中亦明矣云弟子本據上言作三難下中不言三也者即此傳云然則曷爲不言舍三卿是也○注如師至可知也 解云如詁爲若若者公羊荅之云本益三之中故言舍中即恐弟子難之云今舍時言中軍作時曷爲不言作中軍若其如此即是守文不察竊惑門人非師訓之道故公羊子解上以解下何者解上作時實是中軍但有嫌疑不得

[illegible]

言中遂變言三軍即是解此下文舍中軍不得言三之意故云解上以解下如此言之即下文不言三軍昭然可解故云亦可知云云不言卿者欲同上下文以相起者正實而言之正是舍夫司馬之職中卿之官何以不言舍中卿而言舍中軍者正以襄十一年時云作三軍故欲同其文相起爲一物○注傳不至録之　解云傳若足解之宜云前此作三軍之時不言中者五亦有中三亦有中此舍三軍不言一者正以前三非正稱故舍時不得言三今此傳文少故言傳不足解之也欲以上解下者以作時文在上故傳特解之上文既解訖下文不言三之意當同上義亦可知云月者爲善録之若謂善其復古而詳録之也

○楚殺其大夫公子申○公如晉○夏莒牟夷以牟婁及防茲來奔莒牟夷者何莒大夫也莒無大夫此何以書重地也其言及防茲來奔何　據邾婁閭丘不言及高張言及

疏　莒牟夷者何　解云欲言莒君經不言子欲言大夫莒無大夫故執不知問○注據邾婁至言及　解云言邾婁閭丘不言及者即襄二十一年春邾婁庶其以漆閭丘來奔

是也高張言及者即哀六年夏齊國夏及高張來奔是也正以地邑無及文上下大夫乃言及與此防茲之義違故難之

何者人之尊卑自有差等故可以言及地邑無尊卑之義恐其不得言及也　不以私邑累公邑也　公邑君邑也私邑臣邑也累次也義不何使臣邑與君邑相次序故言及以絕之

○秋七月公至自晉○戊辰叔弓帥師敗莒師于濆泉濆泉者何直泉也直泉者何涌泉也　蓋戰而涌爲異也不傳異者外異不書此象公往晉臣下專爲莒敗臣地以興兵戰鬬百姓悲怨歎息氣逆之所致故因以著戰處欲明天之與人相報應之義○濆泉扶粉反濆泉踊泉也左氏作蚡泉穀梁作濆泉處昌慮反應應對之應

疏　于濆泉　解云左氏作蚡字穀梁作濆泉字○濆泉者何　解云欲言地名以泉名之欲言是水戰於其處故執不知問○直泉也　解云謂此泉直上而出○直泉者何　解云欲言涌地不應言直欲言土地仍謂之泉故執不知問○注蓋戰至而涌爲異也　解云似穀洛鬬之事也○注不傳至戰鬬　解云春秋之義外異不書即襄十九年不書徵殺之屬

是今此濆泉爲異故不録經既不録傳無由發之經若書之傳宜云何以書爲天下記異似若僖十四年沙鹿崩之傳矣云此象公在晉云云者公在晉者即上春公如晉是也臣下尊受莒叛臣也者即經書夏莒牟夷以下云云來奔在秋七月公至自晉之上是也以輿兵戰鬬者即此戰敗于濆泉是正以敗者內戰之文故也○注百姓至所致○解云正注云外異今此云魯人悲怨致之者正以濆泉在莒魯界上二國結怨方戰於此應而爲異何以不然○注故因至之義○解云蹟貝僖三年○**秦伯卒何以不名**據諸侯名**秦者夷也匿嫡之名也**嫡子生不以名令于四竟擇勇猛者而立之○嫡之丁歷反注及下同疏注嫡子至立之○解云即內則云夫告宰名宰辯告諸男名書曰某年某月某日某生而藏之宰告閭史閭史書爲二其一藏諸閭府其一獻諸州史獻諸州伯州伯命藏諸州府是其以名令於四竟之義也其擇勇猛者而立之者正以夷狄之人不尚文德故也**其名何**據秦伯嬰稻名疏注據秦伯嬰稻名○解云文十八年春秦伯罃卒宣四年春秦伯稻卒是也然則文十八年經作罃字今此嬰字者誤也寧知非彼誤者正以文十八年秦伯罃卒之下賈氏云穀梁傳云秦伯罃偃不隨

公羊曰嬰知公羊與左氏同皆作罃字矣注獨嬰稻以嫡得立之者嬰字亦誤宜爲罃字矣**嫡得之也**獨嬰稻以嫡得立之○**冬楚子蔡侯陳侯許男頓子沈子徐人越人伐吳**吳未服慶封之罪故也越稱人者俱助義兵意進于淮夷故加人以進之義兵不月者進越爲義兵明故省文疏注越稱至省文○解云即上四年秋七月楚子蔡侯陳侯許男頓子胡子沈子淮夷伐吳彼注云月者善義兵然則上文淮夷雖助義兵其意不進故不稱淮人今稱人故以進辭之云義兵不月者進越爲義兵明故省文者正以侵伐例時義兵則詳録故上四年秋七月楚子以下伐吳注云月者善録義兵是也今此亦爲義兵而不書月故如此解

六年春王正月杞伯益姑卒不日者行微弱故略之上城杞已厭復卒略之者入所見世責小國詳始録內行也諸侯內行小失不可勝責故於終略責之見其義○復扶又反內行下孟反下同勝音升見厭於豔反疏注不日至略之○解云正以襄二十三年春三月己巳杞伯匄卒彼已書日今而書月故

解々○注上城至其義○解云上城已賊者謂襄二十九年
夏仲孫羯會晉荀盈齊高止宋華定以下城杞杞子來盟注
云賊稱子者微弱不能自城危社稷宗廟當坐是也律云一
人有數罪則以重者坐之然則亦不再加而卒復略之者正
以此是入所見之世責小國詳始錄其內行故也諸侯內行
小失寧可備盡但當卒時略之而已言不可勝書者言小行
非一不可勝育不可具書猶如序云不可勝記之類也何氏
必此解者正以往前經傳不見杞伯之惡而經略之知內行
有失也○葬秦景公○夏季孫宿如晉○葬杞文
公○宋華合比出奔衛○比如字又毗志反○秋九月大
雩先是季孫宿如晉是後叔弓與公比如楚有雩賦之煩也○賦斂力驗反或無此字疏注先是至之煩
也○解云文當如是言先是季孫宿如晉即上文夏季孫宿
如晉是也言是後叔弓與公比如楚者即下文冬叔弓如楚
七年三月公如楚故謂之比也二年事皆在後故○楚薳
云有雩賦之煩也亦有一本云叔弓如齊者誤
頗帥師伐吳疏楚薳頗○解云左氏穀梁作薳罷字○冬叔弓如

楚○齊侯伐北燕
七年春王正月暨齊平書者善錄內也不出主名者君相與平國中皆安故以舉
國體言之月者剌內暨暨也時魯方結婚于吳外慕強楚故不汲汲于齊○暨其器反疏注書者善錄內也○
解云正以平為善事今而書之故云善錄內也○注月者至
暨也○解云正以定十一年冬及鄭平則知例書時也今此
書月故如此解也隱元年傳云及猶汲汲也暨猶暨暨也及我
欲之暨不得已然則暨暨是不獲已然後為之此是善事而
不汲汲故書月以剌之故云月者剌內暨暨矣○注時魯至于
齊○解云下十年冬注云去冬者蓋昭公娶吳孟子之年故
貶之然則十年不書冬者是其方結婚于吳之事其外慕強
楚者即上文叔弓如楚下文公如楚之屬是也正以文不言
及故云不汲汲于齊矣注是後楚滅陳云云者即八年冬十
月壬午楚師滅陳是也及下十一年十有一月丁酉楚師滅
蔡是也云弒其君于乾谿者即下十三年夏四月楚公子比自晉歸于楚弒其君虔于乾谿是也○三月
公如楚○叔孫舍如齊莅盟○叔孫舍二傳作婼○夏四

月甲辰朔，日有食之。是後楚滅陳蔡，弑君虔于乾谿。○秋，八月，戊辰，衛侯惡卒。九月，公至自楚。冬，十有一月，癸未，季孫宿卒。十有二月，癸亥，葬衛襄公。當時而日者，世子輒有惡疾，不早廢之，臨死乃命臣下廢之，自下廢上，鮮不爲亂，故危録之。○當，丁浪反，又如字。鮮，息淺反。【疏】注當時至録之。○解云：隱三年傳云：當時而日，危不得葬也。今此衛侯八月卒，至此正五月而經書癸亥，故言危録之。言世子輒有惡疾者，即下二十年秋盜殺衛侯之兄輒，傳云：母兄稱兄，兄何以不立？有惡疾也。是矣。知其不早廢，臨死乃命臣下廢之者，正以危録其葬故也。其君不然，更無危事，不知衛侯葬何以書日乎？言危録之者，以其有危，故録其日也。

八年，春，陳侯之弟招殺陳世子偃師。說在元年。變其言陳者，起招致楚滅陳，自此始，故重舉國。○重，直用反，年末同。【疏】注說在元年。○解云：即元年傳云：大夫相殺稱

人，此其稱名氏以殺何？言將自是弑君也。今將爾，詞曷爲與親弑者同？君親無將，將而必誅之屬是也。○注變其至舉國。○解云：春秋之義，大夫相殺稱人，言其，即莊二十二年春陳人殺其公子禦寇、下陳人殺其大夫公子過、文九年晉人殺其大夫先都之屬。今變兩下之例，言殺陳世子者，起招致楚滅陳，自此始，是以重舉陳矣。○夏，四月，辛丑，陳侯溺卒。○溺，乃狄反。○叔弓如晉。○楚人執陳行人于徵師殺之。○陳公子留出奔鄭。秋，蒐于紅。蒐者何？簡車徒也。徒，衆。○蒐，所求反，本亦作蒐。【疏】蒐者何。○解云：正以常事不書，今此見經，故執不知問。何以書？蓋以罕書也。說在桓六年。【疏】注說在桓六年。○解云：桓六年秋八月壬午，大閲，傳云：大閲者何？簡車徒也。何以書？蓋以罕書也。注云：罕，希也。孔子曰：以不教民戰，是謂棄之。故比年簡徒謂之蒐，三年簡車謂之大閲，五年大簡車徒謂之大蒐。存不忘亡，安不忘危。不地者，常地也。蒐例時，此日者，桓既無文德，又忽忘武備，故尤危録。然則爲蒐之法，比年行之，今此不然，故云以罕書。○陳

月[illegible]朔日有食之[illegible]秋八月戊
辰衛侯惡卒。○九月公至自楚。○冬十有一
月癸未季孫宿卒。○十有二月癸亥葬衛襄
公[illegible]

[illegible]

八年春陳侯之弟招殺陳世子偃師[illegible]

[illegible]

行人干徵師殺之。○陳公子留出奔鄭[illegible]

[illegible]陳

人殺其大夫公子過音戈。過。大雩先是公如楚半年乃歸費多賦
重所致。○費芳味反（疏）注先是至乃歸。○解云即去年三月公如楚九月公至自楚是也。○冬十
月壬午楚師滅陳執陳公子招放之于越殺
陳孔瑗（疏）殺陳孔瑗。○解云○左傳穀梁作奐。葬陳哀公日者疾詐諼滅
人也不卒滅爲重復書二事言執者疾諼詐義故別見之託義不先書者本懷滅心重卒陳者上已言滅不復重卒無以
明。○諼況元反復書扶又反下同見賢遍反（疏）注日者至人也。○解云春秋之義滅例書月即莊十年冬十月
齊師滅譚十三年夏六月齊人滅遂之屬是也上四年秋七月楚子滅厲之下注云莊王滅蕭日此不日者靈王非賢責
之略是以還依常例書月矣今不而日者疾詐諼滅人故也。○注不卒至見之。○解云春秋之義卒滅爲重是以襄六年齊
侯滅萊之下何氏云不書殺萊君者卒國滅爲重是也今不卒滅爲重故須辨之言復書二事言執者謂復書二事又言
執者以疾其詐諼託義故須別而見之二事故招殺瑗葬哀公是。○注託義至滅心。○解云宣十一年冬十月楚人殺陳

夏徵舒丁亥楚子入陳然則彼乃楚子行義先書其殺今此楚子亦是託義討賊書在滅後者見本懷滅心故也。○注重
卒至以明。○解云成二年秋七月齊侯使國佐如師己酉及國佐盟于爰婁不重卒齊此重卒陳者上已言楚師滅陳若
不復卒陳無以明其是陳人矣
九年春叔弓會楚子于陳陳已滅復見者從楚地冬錄猶宋郜以邑錄不卒
小地者顧後當存。○復見扶又反下同下賢遍反（疏）注陳已至當存。○解云郜者是文王之子春秋前宋人滅
之至隱十年夏六月壬戌公敗宋師于菅辛未取郜辛巳取
防是也云不卒小地顧後當存者言陳是揔號當是會時未必在其國都所以不卒小地而卒陳者正以楚人縣滅春秋
欲閔陳而存之故還卒其大號而言也其存陳者即下經夏四月陳火是也。○許遷于夷。○夏四月陳火陳已滅矣
其言陳火何據災四國爲有國者戒。○陳火左氏作災（疏）陳火。○解云左氏作災字穀梁
與此同。○注陳已至火何。○解云所以不言外災不書此何以書之義者正以解言存陳故書其火則外災得書之義亦是

其言[illegible]何[illegible]于[illegible]矣○夏四月[illegible]

[illegible]

九年春公會[illegible]于[illegible]

[illegible]

矣存陳也陳已滅復火者死灰復燃之象也此大意欲存之故從有国記灾疏注陳已至記災
解云即者異鄭不陳火之類未當誅絕天曉其君死灰更燃之意是也曰存陳悕矣書火存陳
者若曰陳爲天所存悲之○悕音希悲也疏曰存陳悕矣○解云悕謂悲也公羊子曰陳爲天所存者天悲痛之
故也曷爲存陳據災非一天意曷爲悲陳而存之疏注據災至存之○解云弟子之意以
爲春秋之內書灾者非止一處而已矣意曷爲正於此災之上悲陳而有之乎滅人之國執人
之罪人罪人招也殺人之賊孔瑗弑君賊也葬人之君若是
則陳存悕矣楚爲無道託討賊行義陳臣子辟門盡心待之而滅其國若是則天存之者悲之也
不書孔瑗弑君者本爲招弑當卒招爲重方不與楚討賊於沒招正賊文以將與上眨起之月者閔之○辟婢亦反開也
本爲于僞反疏注不書至閔之○解云案如上文則孔瑗與招本謀弑君而責是弑文者正以君親無將將而
必誅故言當卒招爲重言故沒招正賊文者謂不於討處眨招見其有弑君之罪矣言以將與上眨起之若上眨謂元年

稱公子傳云此陳侯之弟招何以不稱弟貶是也云月者閔之者正以外災例時卽襄元年春宋火之屬是今而書月故
言閔之○秋仲孫貜如齊○貜具縛反又居碧反○冬築郎囿
○囿音又

十年春王正月○夏晉欒施來奔○晉欒施左氏作齊欒施
○秋七月季孫隱如叔弓仲孫貜帥師伐莒
○隱如左氏作意如○戊子晉侯彪卒○彪彼虬反○九月叔孫
舍如晉○葬晉平公○十有二月甲子宋公
戍卒去冬者蓋昭公取吳孟子之年故眨之○宋戍誘左傳者音皮何云向戍與君同名則宜音恤去起呂反
疏注去冬至眨之○解云正以礼記論語皆有昭公取于吳謂之吳孟子之文但不指其取之年歲今無冬者無
佗罪可指是以何氏以意當之以無正文故言蓋也取吳孟子所以不書者諱取同姓故也賈服以爲剌不登臺觀氣竟

民以爲不書冬無所未詳
十有一年春王正月叔弓如宋。葬宋平公
。夏四月丁巳楚子虔誘蔡侯般殺之于申
楚子虔何以名 据誘戎曼子不名。戎曼音蠻 (疏)注据誘至不名。解云即昭十六年
春楚子誘戎曼子殺之是也 絶曷爲絶之 据俱誘之 爲其誘討也 傳不
自知而死故加誘。爲于僞反 (疏)注傳不至加誘。解云即左氏傳云辟而殺之是也 此討賊也
蔡侯般弑父而立 (疏)注蔡侯至而立。解云即襄三十年夏四月蔡世子般弑其君固是也 雖誘
之則曷爲絶之 据與莊王外討晉文譎尊。譎古穴反 (疏)注据與至譎尊。解云莊
王外討者即宣十一年冬十月楚人殺陳夏徵舒傳云此楚子也其稱人何貶曷爲貶不與外討也曷爲不與實與而文
不與文曷爲不與諸侯之義不得專討也諸侯之義不得專討則其曰實與之何上無天子下無方伯天下諸侯有爲無
道者臣弑君子殺父力能討之則討之可也者是其實與莊王外討之文也云晉文譎尊者即僖二十八年五月癸丑公
會晉侯以下盟于踐土公朝于王所傳云曷爲不言公如京師天子在是也曷爲不言天子在是不與致天子也注云時
晉文公年老恐霸功不成故上白天子曰諸侯不可卒致願王居踐土下謂諸侯曰天子在是不可不朝迫使正君臣明
王法雖非正起時可與故書朝因正其義所以見文公之功是也 懷惡而討不義君
子不予也 內懷利國之心而外託討賊故不與其討賊而責其誘詐也地者起以好會誘之。好呼
報反 (疏)注地者至誘之。解云正以昭十六年楚子誘戎曼子殺之不書地今言于申故解之 ○楚
公子棄疾帥師圍蔡。五月甲申夫人歸氏
薨。大蒐于比蒲大蒐者何簡車徒也何以
書蓋以罕書也 說在桓六年。比音毗 (疏)大蒐者何。解云欲言常事而經加大欲
言非常事蒐是常獵之名故執不知問。注說在桓六年。解云即桓六年秋八月壬午大閱傳云大閱者何簡車徒何

[illegible]

書葬以子書也[illegible]

諱也○大閱者何[illegible]

八年[illegible]○五月[illegible]夫人[illegible]

[illegible]

以書盡以罕書也注云罕希也孔子曰以不教民戰是謂棄
之故此年簡徒謂之蒐三年簡車謂之大閱五年大簡車徒
謂之大蒐存不忘亡安不忘危然則大蒐之法五年一爲今
此不然故曰以罕書也上八年蒐于紅之下何氏云譏在桓
六年今復指之者正以蒐與大蒐希數大
異禮亦不同是以不得相因各指其所在○仲孫貜會
邾婁子盟于侵羊不日者蓋諱喪明盟便若議結
善事○侵羊二傳作侵祥疏
盟于侵羊○解云公穀梁傳作侵祥字服氏注引者直作祥字
侵字皆是所見異也○注不日至善事○解云上文五月夫
人歸氏薨君居喪居喪而與人盟至十三年秋平丘之會邾
婁子與晉爲議不容公盟而執季孫理宜書日見其不信而
不書日者正以身居大喪而不以爲憂是内惡可諱之限其
爲信辭使若此盟方欲議論結其善事然齊國酌皆賈氏以
酌字與此同服氏及穀
梁皆作齊國弱字也○秋季孫隱如會晉韓起
齊國酌宋華亥衛北宮佗鄭軒虎曹人杞人
于屈銀○佗大河反屈銀並
如字二傳作厥慭疏于屈銀○解云左
氏穀梁作厥慭字九

月己亥葬我小君齊歸齊歸者何昭公之母
也歸氏胡女襄公嫡
夫人○嫡丁歷反疏齊歸者何○解云欲言夫人初
至不録欲言其非夫人喪葬具書故
孰不知問○注歸氏至夫人○解云皆史記文而初至不書
者蓋爲世子時娶之然則沙隨之會襄公始生而成公之世
已娶夫人者案公羊上下竟无幼
少之文則何氏不信左氏故也○冬十有一月丁酉
楚師滅蔡執蔡世子有以歸用之此未踰年
之君也其稱世子何据陳
子也疏注据陳子也○解云
即僖二十八年冬公
會晉侯齊宋公蔡侯鄭
伯陳子以下于溫是也不君靈公不成其子也靈公
即般
也不君不與靈公坐弑父誅不得爲君也不成其子不成有
得孫子繼父也上不與楚誘討嫌有不當絕故正之云耳
疏不君至子也○解云靈公弑父而立弑父之人人倫所
不容今而見誅正是其宜是以春秋不與靈公爲君也
故曰不君靈公也莊三十二年傳云君存稱世子君薨稱子
某既葬稱子踰年稱公然則稱子者繼君之稱春秋之義既

不與靈公得爲成君故亦不成其子有得爲嗣君以繼其父
故曰不成其子也○注云靈公坐弑父誅者即襄三十年夏四月
蔡世子般弑其君固上四月楚子虔誘蔡侯般殺之于申是
也○云上不與楚誘討者即上傳云曷爲絶之爲其誘討也此
討賊也雖誘之則曷爲絶之懷 **不君靈公則曷爲不**
惡而討不義故君子不與是
成其子 据惡惡止其身 **誅君之子不立** 雖不與楚誘討其惡坐弑父誅當以誅君
論之故云爾言執 疏 注當以至云爾○解云若不君靈公
者時楚託義賊之而以誅君論之何故上四年申之會
及伐吳之經上文楚子誘殺之時皆称其爵者凡貶刺之例
正可於一事之上足見其惡而已寧可文文皆貶似若莊四
年冬公及齊人狩于郜傳云前此者有事矣後此者有事矣
則曷爲獨於此焉譏譏釋其重者而譏焉莫重乎其與讎狩也其
餘從同同是也○注言執至滅之○解云春秋之義卒滅國以
爲重其餘輕者皆從略是以襄六年注云不書殺萊君者卒
滅國爲重是今并書其執者正以楚人託義執之故見其義
也似若上八年注云不卒滅爲重復書二事言執者疾諼詐
義故列見之是也楚既託義執用蔡之世子以滅其國當先
書其餘似若宣十一年冬十月楚人殺陳夏徵舒丁亥楚子

入陳然今乃先書滅蔡者起其本懷滅心故也是 **非怒也**
以八年注云託義不先書者本懷滅心故是也
無繼也 以誅子當絶 疏 非怒也无繼也○解云莊四年傳云今紀无罪此非怒與何氏云怒遷怒
齊人語此非怒其先祖遷之于子孫與然則齊人謂遷怒爲
怒也言今不成有爲子者非由惡其父遷怒其子孫但由靈
公大逆理无繼嗣矣是以注父誅子
當絶也其非字有作悲字者誤也 **惡乎用之用之**
防也其用之防奈何蓋以築防也 持其足以頭築防惡不以
道孔子曰人而不仁疾之已甚亂也日 疏 注日者疾諼滅
者疾諼滅人○惡乎音烏惡不烏路反 疏 人○解云正以
凡滅例月即莊十年冬十月齊師滅譚上四年秋
七月遂滅厲之屬是也今而書日者疾詐諼故也
十有二年春齊高偃帥師納北燕伯于陽
伯于陽者何 即納北伯款非犯父命不當言于陽又幾国
出入不兩書伯不當再出故斷三字問之○
斷丁管反 疏 注即納至問之○解云納北伯款者即上三
又丁亂反 疏 年冬北燕伯款出奔齊是也其犯父命而見

納言于邑若即哀二年夏晉趙鞅帥師納衛世子蒯聵于戚傳云戚者何衞之邑也曷爲不言入于衞父有子子不得有父也注云明其父得有子而廢之子不得有父之所有故奪其國文正其義也者身也然則今此納北燕伯于陽若是納上伯款即非犯父之命者正以出奔稱伯不似蒯聵稱世子、故也是以何氏於款之上連伯言之見非犯父之命云又微國出入不兩書者僖二十五年秋楚人圍陳納頓子于頓何以不言遂兩之也注云頓子出奔不書者小國例也是其也

公子陽生也子曰我乃知之矣子謂孔子乃乃是歲也時孔子年二十二具知其事後作春秋案史記知公誤爲伯子寤爲于陽在生刋滅闕○刋苦干反在側者曰子苟知之何以不革曰如爾所不知何如猶奈也猶曰奈女所不知何寧可強更之乎此夫子欲爲後人法不欲令人妄億錯子絕四毋意毋必毋固毋我○女音汝強其丈反令力呈反下令奭同億於力反錯七故反或七各反字或作措疏注如猶至億措○解云孔子云當是歲時我已年六具見其事奈汝在側之徒不見之何故曰奈汝所不知何也孔子雖知伯于陽者是公子陽生但在側之徒皆不委曲若改之謂巳苟出心肺故曰寧可彊更之乎莊七年星隕如雨之下傳云不脩春秋曰雨星不及地尺而復君子脩之曰星霣如雨何氏云明其狀似雨耳不當言雨星不言尺者霣則爲異不以尺寸錄之然孔子脩春秋大有改之處而特此文不改之者欲示後人重其舊事似劉公即君遵爲不上禮之類也故曰夫子欲爲後人決不欲人妄億措也億措者億謂有所疑度措者置也置意於言也不欲令人妄億度不欲令人妄置意於言矣若疑度而中之者無傷即渠也其來乎由也其死矣之類是也若億措而妄若正得學者不思之義也則學而不思則罔之類是也云子絕四者備於鄭注引之者欲道無事億措乃孔子所絕是以脩春秋而有其義矣

春秋之信史也其序則齊桓晉文唯齊桓晉文會能以德優劣國大小相次序疏注唯齊至次序○解云謂其盛時事也及其衰末亦不醇粹是以僖十二年鹹之會許男序于曹伯之上而何氏於僖四年許男辛臣卒葬許穆公之下注云得卒葬於所傳聞世者許大小次曹故卒小在曹後者是鹹之會當桓末年許在曹上非其次序之事也其會則主會者爲之也非齊桓晉文則如主會者爲之雖優劣大小相越不改更信史

會[illegible]先生[illegible]

[illegible]

[illegible]書[illegible]之[illegible]文[illegible]章

[illegible]

子曰[illegible]

[illegible]

也
其詞則丘有罪焉爾丘孔子名其貶絕譏刺之辭有所失者是丘之罪聖人德盛尚謙故自名爾上書者惡納簒也不書所簒出奔者微國雖未踰年君猶不錄不足陽下言于北燕者史文也北燕本在上從史文也○惡納烏路反

疏注其貶至之罪○解云即春秋說云孔子作春秋一萬八千字九月而書成以授游夏之徒游夏之徒不能改一字是也云主書者惡納簒也者正以春秋之義立納入皆為簒辭且上有伯款出奔齊之文知今納宜是簒人也○注不書至不錄○解云正以上三年之末伯款出奔遥歷十許年計應有君矣陽生簒之宜書其出今不書者微國之君被簒而出走者皆略而不書之假令非被簒但是微國未踰年之君卒猶不書況乎被簒出奔寧不略之乎何氏所以必將未踰年君納之者正以所見之世微國成君之出例皆錄之故也即伯款之徒是也○注不足至史文也○解云若足其文宜云齊高偃帥師納北燕公子陽生于北燕今陽生之下不言北燕者正以史之本文陽生之上有北燕之字因而從之不及改順文避殺其大夫成然者左氏作成熊穀梁作成虎字

○三月壬申鄭伯嘉卒○夏宋公使華定來聘○公

如晉至河乃復○五月葬鄭簡公○楚殺其大夫成然○成然左氏作成熊○秋七月○冬十月公子憖出奔齊○憖之須反或作憖魚覲反○楚子伐徐○晉伐鮮虞謂之晉者中國以無義故為夷狄所強今楚行詐滅陳蔡諸夏懼然去而與晉會于屈銀不因以大綏諸侯先之以博愛而先伐同姓從親親起欲以立威行霸故狄之

疏注謂之至狄之○解云諸夏之稱連國稱爵今單言晉作夷狄之法故須解之言中國無義故為夷狄所彊者即襄七年鄭伯髡原之下傳云曷為不言其大夫弑之為中國諱也曷為為中國諱鄭伯將會諸侯于鄬其大夫諫曰中國不足歸也則不若與楚鄭伯不可其大夫曰以中國為義則伐我喪以中國為彊則不若楚於是弑之何氏云禍由中國無義故深諱使若自卒之屬是中國無義之文也言遂為夷狄所彊也者即四年夏楚子以下會于申執齊慶封殺之之屬是也云今楚行詐滅陳蔡者即昭八年滅陳十一年滅蔡是也今楚行詐者即託義討招託義討蔡般是也言諸夏懼然去而與晉會于屈銀者即上十一年秋季孫隱如會晉韓起以下于屈

鍳具也言此伐同姓者正以鮮虞姬姓故也

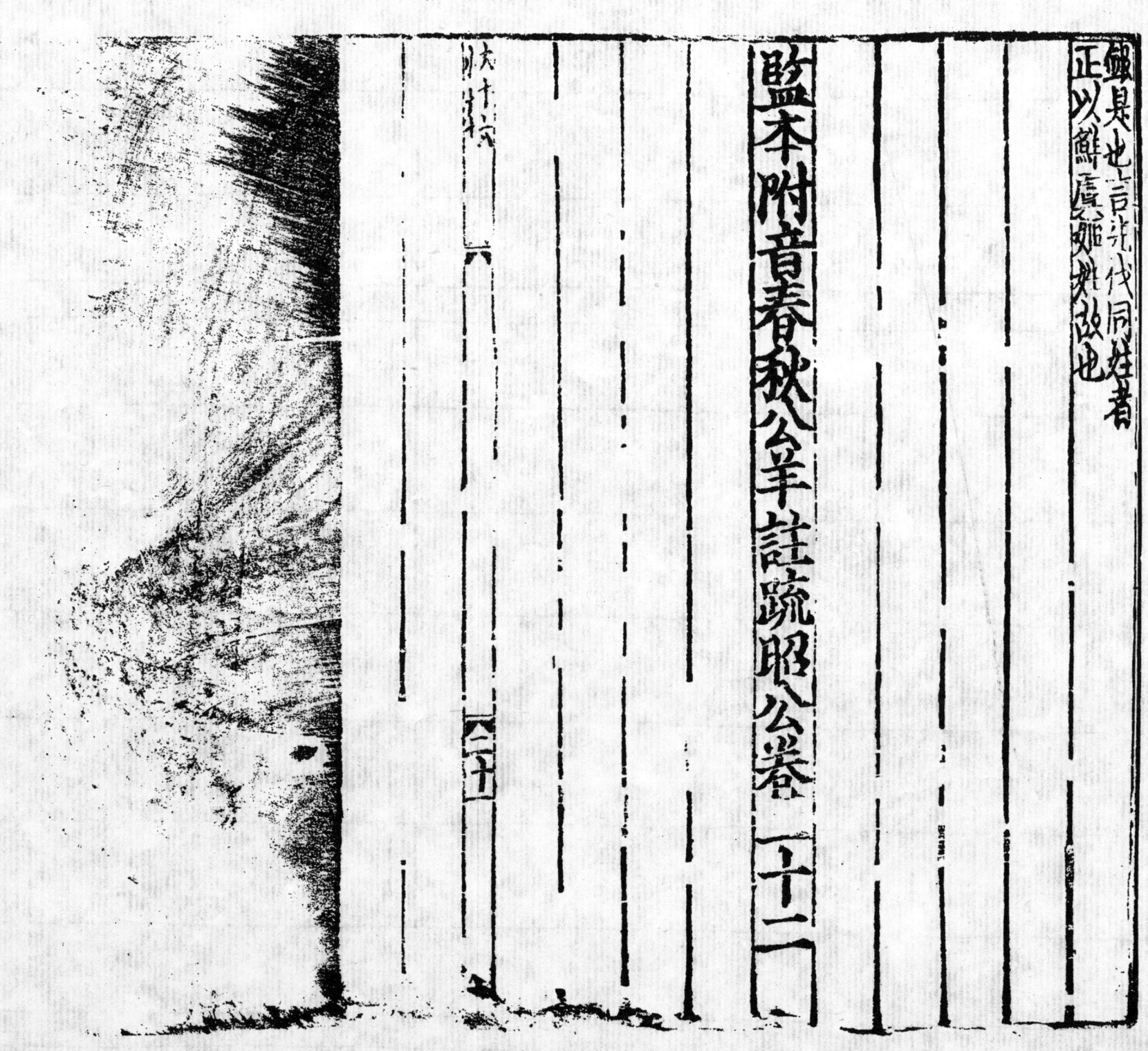

監本附音春秋公羊註疏昭公卷二十二

[illegible]本[illegible]音[illegible]卷[illegible]十二

[illegible]

監本春秋公羊註疏昭公卷二十三 起十三年盡二十三年

何休學

十有三年春叔弓帥師圍費。費音祕○夏四月楚公子比自晉歸于楚弒其君虔于乾谿此弒其君其言歸何據齊陽生入惡不言歸○谿苦兮反疏此弒至歸何○解云正以歸者出入無惡之文今君弒而言歸故難之○注據齊至言歸○解云即哀六年秋七月齊陽生入于齊是也其陽生入惡者先詐致諸大夫立於陳乞之家自是往弒舍是也歸無惡於弒立也歸無惡於弒立者何靈王為無道作乾谿之臺三年不成楚公子棄疾脅比而立之然後令于乾谿之役曰比已立矣後歸者不得復其田里衆罷而去之靈王經而死時棄疾詐告比得有力同以歸至而脅立之比之義宜效死不立而立君因自經故加弒也言歸者謂其本無弒君而立之意加弒責之爾不日者惡靈王無道封內地者起禍所由因以為戒○罷音皮惡烏路反疏歸無至立也○解云弒謂虔也言所以書其歸者正於弒虔之時比無惡○歸無至者何○解云正據經書弒其君虔曷為言無惡故問之○靈王經而死○解云經者謂懸縊而死也若申生雉經及論語云豈若匹夫匹婦之為諒也自經於溝瀆者是也故何氏云君因自經○注時棄至為戒○解云正以經書自晉故得為有力之義故如此○解云比之義宜效死不立者下傳文云言歸者明其本無弒君而立之意加弒責之爾者桓十五年傳曰歸者出入無惡故云本無弒君而立之意言加殺責之者謂責其不效死而立矣云不日者惡靈王無道者正以宣二年秋七月乙丑晉趙盾弒其君夷獆四年夏六月乙酉鄭公子歸生弒其君夷則春秋之義不問加弒與否例皆書日今而不日故解之云封內地者起禍所由因為戒者正以下二十五年宋公佐卒于曲棘傳云曲棘者何宋之邑諸侯卒其封內不地此何以地憂內也注云時宋公聞昭公見逐欲憂納之至曲棘而卒故恩錄之然

則諸侯卒其封内則不地今此靈王見弒乾谿之由是以書地以起之故曰起禍所由因以爲戒也

楚公子棄疾弒公子比比已立矣其稱公子何據齊公子商人弒其君舍疏注據齊至君舍○解云在文十四年九月彼傳云此未踰年之君也其言弒其君舍何已立之已殺之成死者而賤生者也注云惡商人懷詐無道故成舍之君號以賤商人之所爲然則彼未踰年君而見弒稱成君今此亦爲未踰年君見弒稱公子故據而難之所以不據僖九年晉里克弒其君之子奚齊者正以取成君之號以難公子義強于君之子之文故也

其意不當也據上傳知其脅疏注據上云其脅○解云即上傳云楚公子棄疾脅比而立之是也

其意不當則曷爲加弒焉爾據王子朝不貶○朝如字疏注據王子朝不貶○解云即二十二年秋尹氏立王子朝注云貶言尹氏者著世卿之權尹氏貶予朝不貶者年未滿十歲未知欲富貴不當坐明罪在尹氏然則子朝之意與比相似子朝不貶而比加弒故難之

比之義宜乎效死不立大夫相殺稱人此其

稱名氏以弒何據經言弒公子比也疏比之至不立○解云即守死善道若王子閭之類也○大夫至稱人○解云即文十六年冬宋人弒其君處臼之下傳云大夫弒君稱名氏賤者窮諸人注云賤者謂士士正自當稱人大夫相殺稱人賤者窮諸盜注云降大夫使稱人降士使稱盜者所以別死刑有輕重也然則文十六年師有成解故此弟子取而難之○注據經至比也○解云經言弒公子比即是兩下相殺之文而稱弃疾名氏以擬而難之

言將自是爲君也故使與弒君而立者同文也不言其者比實已立嫌觸實公子弃疾則楚子居也疏言將至君也○解云謂弃疾從是殺比之後遂伐比爲君矣○注故使至文也○解云同文也即文十四年秋九月齊公子商人弒其君舍是也○注不言至公子○解云莊二十二年春陳人殺其公子禦寇注云言其者殺君之子重也下十四年夏莒殺其公子意恢然則彼一公子見殺言其今公子比亦已立恐君言殺其公子比則嫌觸彼二公子文故曰嫌觸實公子云弃疾即楚子居也者即下二十六年秋楚子居卒是也

○秋公會劉子晉侯齊侯宋公衛侯鄭伯曹伯莒子

邾婁子滕子薛伯杞伯小邾婁子于平丘八
月甲戌同盟于平丘不舉重者起諸侯欲討弃疾故詳録之不言劉子及諸侯者間
無異事可知矣疏注不舉至録之○解云文十四年六月公會宋公以下同盟于新城然則彼亦是二事舉盟爲
重不言會于某今會盟並舉故須解之故云諸侯欲討弃疾以上有弃疾弑君之事下傳有諸侯遂乱之言故知於間詳
録此會欲討之矣○注不言至知矣○解云春秋之義會盟咸有而間隔事者則重言諸侯即定公四年三月公會劉子
晉侯以下于召陵侵楚夏四月蔡公孫歸姓帥師滅沈以沈子嘉歸殺之五月公及諸侯盟于浩油然則彼由間有隔事
劉子不與盟是以重出諸侯今則間無隔事劉子復與盟是以不勞重出劉子及諸侯見其可知矣公不與
盟○與音預注二不肯與及下文不與爲諱公不與不宜與比皆同疏公不與盟者何○解云正以盟會並[redacted]
録即爲善事而公不與盟於義似違故執不知問晉人執季孫隱如以歸
公至自會公不與盟者何公不見與盟也時晉
主會疑公如楚不肯與公盟故諱使若公自不肯與盟疏注時晉至與盟○解云須言時晉主會者正以此會

劉子在其間故須辨之知非劉子主會者正以當時天子微
弱故也知疑公如楚不肯與公盟者正以上七年三月公如
楚九月公至自楚之文十一年公如晉至河乃復是其見疑不得入晉故也公不見與盟大
夫執何以致會据得意乃致會疏注据得意乃致會○解云即莊六年注云公與二國
以上出會盟得意致會不得意不致今此平丘之經亦是公與二國以上出會盟之事故言据得意乃致會也若欲伯事
言之即哀十三年夏公會晉侯及吳子于黄池公至自會是也不恥也曷爲不恥据扈
之會公失序恥之疏注据扈之會至恥之○解云即文七年秋八月公會諸侯晉大夫盟于扈傳云諸侯何以
不序大夫何以不名公失序也公失序奈何諸侯不可使與公盟眣晉大夫使與公盟也何氏云爲諸侯所薄賤不見序
故深諱爲不可知之辭是也諸侯遂亂反陳蔡君子恥不與
焉時諸侯將征弃疾弃疾乃封陳蔡之君使說諸侯諸侯從陳蔡之君言還反不復討楚楚乱遂成故云爾公不

……小邾婁子于平丘。[illegible]

八月甲戌，同盟于平丘。[illegible]

公不與盟。晉人執季孫隱如以歸。[illegible]

公至自會。[illegible]

公不與盟者何？公不見與盟也。[illegible]

公不見與盟，大夫執，何以致會？[illegible]

不恥也。曷為不恥？諸侯遂亂，反陳蔡，君子恥不與焉。[illegible]

[illegible]

與盟不書成楚亂者時不受盟也諸侯實不與公盟而言公不與盟者遂亂雖見與公猶不宜與也故因爲公張義○復扶又反爲公于僞反【疏】注弃疾至之君○解云即下文是也○注公不至賂也○解云春秋之義諱内惡故隱五年春公觀魚于棠傳云何以書譏何譏爾遠也何氏云實譏張魚而言觀譏遠者恥公去南面之位下與百姓爭利匹夫無異故諱使若以遠觀爲譏也然則公若與盟即成楚亂使是内惡例諱不書今公不與盟不書楚乱者正以時不受賂是以不得書其成亂矣桓二年春公會齊侯陳侯鄭伯于稷以成宋亂夏四月取郜大鼎于宋戊申納于太廟傳云何以書譏何譏爾遂亂受賂納于太廟非禮也然則彼以受賂之故書其成宋亂今不受賂是以不書成楚乱也之春秋之義爲内諱大惡而桓公受賂而成宋亂不爲之諱者彼注云宋公與督共弑君而立諸侯會于稷欲共誅之受賂使還令宋亂遂成桓公本亦弑隱而立君子疾同類相愛小人同惡相長故賤不爲諱也者是也○注諸侯至張義○解云上注云故諱使若公自不肯與之盟今又言此者正以諸侯遂乱是以魯侯不肯與之盟然則上下二注共通繼爲義非别解二云因爲公張義者謂書公不與盟者非直爲國諱因見諸侯遂亂大惡公亦不宜與故言因爲公張義也

○蔡侯廬歸于蔡○陳侯吳歸于陳此皆滅國也

其言歸何据歸者有國辭○廬力吳反【疏】注据歸者有國辭○解云即僖三十年秋衛侯鄭歸于衛之屬是也

不與諸侯專封也故使若有國自歸者名者專受其封當誅書者因以起楚封之所以能起之者上有存陳文陳見滅無君所責又蔡本以蔡見殺但不成其子不絕其國即諸侯存陳當有文實也【疏】不與至封也○解云宜言不與楚專封而云不與諸侯專封者宣十一年傳云此楚子也其稱人何諸侯之義不得專討也是楚得言諸侯之義矣而舊云楚子初無封陳蔡之意但畏諸侯之誅遂許封陳蔡之子孫陳蔡爲之請于諸侯諸侯止不伐楚楚乃封陳蔡然則陳蔡得封本由諸侯故傳言諸侯以明之也先驗焉○注名者至當誅○解云諸侯之式不合生名今陳蔡之君既已稱爵而書名者正以諸侯之封宜受于天子而受國于楚故名之見當誅討不合爲諸侯矣○注書者至實也○解云言主書此事者非直惡陳蔡之君不受天子之命亦因以起楚封之所以能起楚之封者正以上九年夏四月陳火傳云陳已滅矣其言陳火何存陳也注云陳已滅復火者死灰復燃之象也

此天意欲存之故從有國記災故曰上有存陳文也言陳見滅無君無所責者正以陳國已滅無君可責而火之者天意作死灰復燃之象見陳國合存之意言蔡本以篡見殺者即襄三十年夏四月蔡世子般弒其君固至上十一年夏四月丁巳楚子虔誘蔡侯般殺之于申是也言但不成其子者即上十一年冬十有一月楚師滅蔡執蔡世子有以歸用之傳云未踰年之君其稱世子何不君靈公不成其子是也子者嗣君之稱謂不成其子有得繼嗣君以繼其父矣言不絕其國者正以書滅是也何者僖五年晉人執虞公之下傳云虞已滅矣其言執之何不與滅也曷爲不與滅滅者亡國之善辭注云言王者起當存之故爲善辭也傳云滅者上下同力者也注云言滅者臣子與君勠力一心共死之辭是也然則何氏言此者欲道陳蔡皆舊有國二君之子復先在楚楚人封之而遂反國故得言歸非謂上會諸侯墠地封之若是上會諸侯墠地封之當如救邢城楚丘之屬傳亦有文實之文若作文實之文宜云城陳蔡傳云孰城之諸侯城之曷爲不言諸侯城之不與諸侯專封曷爲不與實與而文不與文曷爲不與諸侯之義不得專封諸侯之義不得專封則其曰實與之者上無天子下無方伯天下諸侯有相滅亡者力能存之則存之可也。

冬十月葬蔡靈公

書葬者經不與楚討嫌本可責復讎故書葬明當從誅君論之不得責臣子

【疏】注書葬至臣子○解云隱十一年傳云然則何以不書葬春秋君弒則不討不書葬以爲無臣子也然則靈公上十一年爲楚誘殺未見復讎之文而書其葬者正以上十一年經不與楚討若不書其葬即嫌可以責蔡臣子無復讎之義是以書葬靈公本者弒父而立當從誅君論之不得責臣子復讎於楚矣言經不與楚討者即上十一年傳云楚子虔何以不名絕也曷爲絕之爲其誘討也此討賊雖誘之曷爲絕之懷惡而討不義君子不與是也。

○公如晉至河乃復○吳滅州來

不日者略兩夷

【疏】注不日者略兩夷○解云上四年秋七月遂滅厲注云莊王滅蕭日此不日者靈王非賢表之略然則吳子夷昧兄弟立讓位季子即爲賢者而反滅人宜亦書日以責之而不日者正以兩夷相滅故略之考諸舊本日亦有作月字者若作月字當云春秋上下滅例書月即莊十年冬十月齊師滅譚十三年夏六月齊人滅遂之屬是今此不月略兩夷故也是以下三十年十二月吳滅徐之下而注云互此乃月者所見世始錄夷狄滅小國也不從上州來巢見義者因有弁文可責是也以此言之則知此文無月明矣文承十月之下而言無月者謂不

者十月內也然則爲日字
者誤云云之說在三十年

十有四年春隱如至自晉○三月曹伯滕卒○夏四月○秋葬曹武公○八月莒子去疾卒入昭

入昭公卒不日不書葬者本篡故因不序○去疾起呂反 疏 注入昭至不序○解云春秋之義所傳聞之世略於小國不書其卒至所聞之世乃始書之即文十三年邾婁子蘧蒢卒之徒是也至所見之世文致大平書小國而錄之卒月葬時即下二十八年秋七月癸巳滕子寧卒冬葬滕悼公之屬是也今此莒君入昭公所見之世宜令卒日葬時而卒不日復不書其葬者正由其本是篡入故因略之不序其卒日亦不序其葬矣其本篡者即上元年秋莒去疾自齊入于莒是也然則春秋之義篡明者例書其葬即衛晉鄭突齊小白陽生之徒是今此去疾於上元年秋亦有自齊入于莒之文即是篡明例合書葬但以本篡故因不序然則入昭公所見之世小国之卒例合書日而上三月曹伯滕卒亦不日者莊二十三年冬十一月曹伯射姑卒之下何氏云曹伯達於春秋當卒月葬時也如卒日葬月嫌與大國同故復卒不日入所聞世可日不復日然則曹伯終生於桓十七十時以春秋敬老重恩之故而得卒日葬月以爲大平是以所見之世雖有

大十七小五八十四　公廿二十三　六

可日亦不復日是故上文上曹伯不書日矣

○冬莒殺其公子意恢莒無大夫

書殺公子者未踰年而殺其君之子不孝尤甚故重而錄之稱氏者明君之子○恢苦回反 疏 注莒無大夫○解云莊二十七年傳文○注稱氏至之子○解云小国大夫假令得見皆不書氏即莒慶之徒是也今兼書公子者欲明其是君之子故也若言莒殺意恢無以明嗣子不孝

十有五年春王正月吳子夷昧卒○夷昧音末本亦作末○

○二月癸酉有事于武宮籥入叔弓卒去樂卒事其言去樂卒事何據入者言萬去籥言名不言卒事○籥羊略反去樂起呂反注去籥及下文去樂同 疏 注據入至卒事○解云即宣八年夏六月辛巳有事于大廟仲遂卒于垂壬午猶繹萬入去籥是也然則彼乃入者言萬此則入者言籥彼則去籥言名此則漫言去樂而已彼又不言卒事與此異是

故弟子據而難之禮也以加録卒事即非禮但當言去樂而已若去籥矣揔言樂者明悉去也君

有事于廟聞大夫之喪去樂恩痛不忍舉卒事畢其祭事

大夫聞君之喪攝主而往主謂已主祭者臣聞君之喪義不可以不即行

故使兄弟若宗人攝行主事而往不廢祭者古禮也古有分土無分民大夫不世已父未以爲今君臣也孝經曰資於事

父以事君而敬同疏注主謂至臣也○解云謂已於廟內主其祭事者矣云古有分土無分民如此者正以

詩云誓將去汝適彼樂土論語云四方之民襁負其子而至矣之言故也云大夫不世者謂凡平大夫也不得以有功德

大夫難之○注孝經至敬同○解云何氏之意以資爲取言取事父之道以事君所以得然者而敬同故也以此言之則

何氏解孝經與鄭稱同與康成異矣云云之説在孝經疏大夫聞大夫之喪尸事

畢而往賓尸事畢而往也日者爲卒日○爲于僞反疏注賓尸至往也○雖云正以禮大夫祭謂

之賓尸故也云日者爲卒日若正以春秋之義失禮鬼神例日今非失禮知日爲卒○夏蔡昭吴

奔鄭不言出者始封名言歸嫌與天子歸有罪同故奪其有國之辭明專封○昭吴左氏作朝吴疏

夏蔡昭吴奔鄭○解云左氏穀梁皆言朝吴出奔鄭今此作昭吴字又不言出者所見之文與公羊左氏穀梁皆以朝吴爲

蔡大夫則知此昭吴亦爲蔡大夫矣而舊解以昭吴爲蔡侯廬之字者似非何氏之意○注不言至專封○解云今此昭

吴出奔鄭不言出者正以其君始封之時名書歸即下十三年蔡侯廬歸于蔡是也云嫌與天子歸有罪同者謂書名言

歸者乃與天子歸有罪之文近相似故以爲嫌何者僖公二十八年夏六月衛侯鄭自楚復歸于衛注云言復歸者刺天

子歸有罪矣冬曹伯襄復歸于曹而注云曹伯言復歸者天子歸之名者與衛侯鄭同義然則天子歸有罪者書名言歸

向上蔡侯廬歸于蔡亦有罪歸故言嫌與天子歸有罪同非謂確然相似言故奪其有國之辭者正以君子之歸有所嫌

故奪其昭吴有國之辭不言其出矣云明專封者欲明其蔡侯爲楚所專封矣吴既受諸侯之專封不合有國故不言大

夫之出奪其國文以見之○六月丁巳朔日有食之并十七年食蓋與孛于大

辰同占疏注并十至同占○解云謂此文日有食之與十七年夏六月甲戌朔日有食之皆與十七年有星孛

[illegible]

○六月丁巳朔日有食之 [illegible]

[illegible]

[illegible] ○夏蔡昭吳[illegible]

畢而往 [illegible]

疏 大夫聞大夫之喪 [illegible]

[illegible]

大夫聞大夫之喪尸事畢而往 [illegible]

有事于[illegible]大夫之喪去樂卒事 [illegible]

越大辰同占也其占者則孛大辰之下注云是後周分爲二天下兩主宋南里以亡是也○秋晉荀吳帥師伐鮮虞○冬公如晉

十有六年春齊侯伐徐○楚子誘戎曼子殺之楚子何以不名据誘蔡侯名○戎曼又音蠻又音萬二傳作戎蠻哀四年同疏注据誘蔡侯名○解云即上十一年夏楚子虔誘蔡侯般殺之于申是也夷狄相誘君子不疾也曷爲不疾据俱誘也若不疾乃疾之也以爲固當常然者乃所以爲惡也頗以無知薄責之戎曼子者入昭公見王道大平百蠻貢職夷狄皆進至其爵不日者本不卒不地者略也○見賢徧反疏注戎曼至其爵入○解云上四年申之會伐吳再見淮夷五年冬越人伐吳一見越人所見之世而不進之者君子因事見義故也何者淮夷與越蓋遣大夫會此是君因可進而進之且昭公之時文致大平實不治定但可張法而已季孛可文皆進乎○注不日者本不卒○解云上十一年夏四月丁巳楚子虔誘蔡侯般殺

之于申書其丁巳今亦誘殺而不日者正以戎曼乃是夷狄之内最爲微國雖於大平之世亦不合卒是故春秋因略之不書其日矣云不地者略也者正以蔡侯誘殺經書于申今此不地故言略也○夏公至自晉○秋八月己亥晉侯夷卒○九月大雩先是公數如晉○數所音朔○季孫隱如如晉○冬十月葬晉昭公○

十有七年春小邾婁子來朝○夏六月甲戌朔日有食之○秋郯子來朝○八月晉荀吳帥師滅賁渾戎○賁渾音六下戶門反冬有星孛于大辰孛者何彗星也三字皆發問者或言入或言于或言於嫌爲孛異循問錄之○星孛音佩彗息遂反又囚歲反疏孛者何○解云欲言星名星名未有孛欲言非星錄爲星稱故執不知問○注三字至錄之○解云言三字皆發問者即文十四年秋七月有星孛入于北斗傳云孛者何彗星也其言入于北斗何北斗有中也何以

書記異也哀十三年冬十有一月有星孛於東方傳云孛者
何彗星也其言于東方何見于旦也何以書記異也并此三
處皆言孛者何故言三孛皆發問也所以三處皆問之者正
以文十四年經言入于北斗此經言于大辰哀十三年經言
于東方三文甚異即嫌爲孛之不同是以處處須發問而
詳録之故云或言入或言于或言方嫌爲孛異須問録之其
言于大辰何据北斗言入于大辰非常名疏注据北斗言入于。解云正以此經不言
入宜言于北據入而難之云大辰非常名者正以東方七宿
皆謂之辰故曰大辰非七宿之常名而經孛之因以爲難也
在大辰也大辰者何大火也大火謂心疏大辰者何解云正以
大辰之名非一而已不知何者故執不知問。注大火謂心
解云左氏傳心爲大火是也而釋天云柳鶉火者正以御在
南方亦可爲出火之候故也不謂心星非大
火然則爾雅不言心爲大火者文不備也大火爲大
辰伐爲大辰伐謂參伐也大火與伐天所以示民時早
晚天下所取正故謂之大辰辰時也。參
所林反疏大火爲大辰。解云即釋天云大火謂之大辰李
氏云大火蒼龍宿之心以候四時故曰大辰孫氏

郭氏云大火心也在中最明故時候主焉是也。注伐謂參
伐也。解云正以伐在參傍與參連體而六星故言伐謂參
伐伐與參爲一候故也北辰亦爲大辰北辰北極天之中也常居
其所迷惑不知東西者須
視北辰以別心伐所在故加亦
亦者兩相須之意。別彼列反疏注北辰北極。解云即
釋天云北極謂之北辰
李氏云北極天心居北方正四時謂之北辰孫氏郭氏曰北
極天之中以正四時謂之北辰是也云天中也者以天面言
之故也然則謂之極者取於居中之義矣而春秋說云北者
高也極者藏也言大一之星高居深藏故名北極也者與先
儒說違其何氏兩解乎云常居
其所者謂常居紫微宮所矣何以書記異也心者天子明堂
布政之宮亦爲孛彗者邪亂之氣掃故置新之象是
後周分爲二天下兩王宋南里以亡。雅似嗟反疏注心
者至之宮。解云春秋說文星經亦云云亦爲孛者亦如北
斗爲彗所孛矣。注是後至以亡。解云言周分爲二天下
兩王者謂敬王在成周王猛居王城故下二十二年秋劉子
單子以王猛入于王城傳云王城者何西周也何氏云時居
王城邑自号西周王經又言冬十月王子猛卒二十二年秋
尹氏立王子朝然則王猛卒後子朝復簒位與敬王處据相

指故云周分爲二二天下兩主也是以運斗樞云星孛賊起守
大辰於五堂乱兵填門三王争周以分是也然則彼皆三王
争者通前後言之今此云周分爲二二天下兩主者正以子猛
子朝之簒是一也言宋南里以亡者即下二十一年夏宋華
亥向甯華定自陳入
于宋南里以畔是也○
楚人及吴戰于長岸詐戰
不言戰此其言戰何據於越敗吴于醉李。檇李音醉本或作醉敵也
俱無勝負不可言敗故（疏）詐戰至戰何。解云經文言戰
言戰也不月者略兩夷而傳以詐戰問之者正以夷狄
賓傳不能結日偏戰今此兩夷而言戰故以詐戰難之。注
據於至醉李。解云在定十四年夏也彼此皆是兩夷無言
戰之經是以據而難之。注不月者略兩夷。解云正以春
秋之例偏戰者日詐戰者月今此詐戰而不月故言略兩夷
十有八年春王三月曹伯須卒。夏五月壬
午宋衛陳鄭災何以書記異也何異爾異其
同日而俱災也外異不書此何以書爲天下
記異也詩云其儀不忒正是四國四國天下象也是後王
室乱諸侯莫肯救故天應以同日俱災若曰無天
下云爾。爲于僞反忒（疏）記異也。解云經言災者以其
官得反應應對之應焚宗廟朝廷故也傳云異者正
以四國同日而俱災。注四國天下象。解云正以四國
得爲四方之國故得謂之天下象。注是後王室乱諸侯莫
肯救。解云即下二十二年夏六月王室乱傳云何言乎王
室乱注云據天子之居稱京師言不及外也注云宮謂之室
剌周室之微弱邪庶並簒无一諸侯之助匹夫之救如一家
之乱也故变京師言王室不以爲天子諱者方責天下不救之
者是王室乱諸侯
莫肯救之事也○六月邾婁人入鄅。鄅音禹又音矩○
秋葬曹平公。冬許遷于白羽
十有九年春宋公伐邾婁。夏五月戊辰許
世子止弑其君買蔡世子般弑父不忍日此
日者加弑尔非實弑也（疏）注蔡
世子至弑也。解云即襄三十年夏四月蔡世子般弑其君固用
閽氏云不日者深爲中國隱痛有子弑父之禍故不忍言其

[illegible]

十有五年春王正月吳子夷末卒 [illegible]

[illegible]

[illegible] 記異也 [illegible]

同日而俱災也外異不書此何以書為天下記異也 [illegible]

于宋衛陳鄭災何以書記異也何異爾異其 [illegible]

十有八年春王三月曹伯須卒○夏五月壬午 [illegible]

[illegible]

[illegible] 不言戰此其言戰何敵也 [illegible]

[illegible]

日是也然則許亦中國而言日者正以加弒非實弒故也知
加弒者下傳備文若夷狄弒父則忍言其日者即文元年冬
十月丁未楚世子商臣弒其君髡彼注云日者夷狄子弒父忍言其日是也○己卯地震季氏
稍盛宋南里以叛王室大亂諸侯莫肯救晉人國郊吳勝雞父尹氏立王子朝之應（疏）注季氏至之應　解云謂
稍稍盛也往前時豹揭爲政自上十一年夏公如晉至河乃
復十三年平丘之會公不與盟以來季孫隱如數見經至二
十五年遂出昭公矣云宋南里以叛者在二十一年夏云晉
人國郊者在下二十三年也彼傳云郊者何天子之邑也曷
爲不繫于周不與伐天子也是也云吳勝雞父者即下二十
三年秋七月戊寅吳敗頓胡沈蔡陳許之師于雞父是也云
尹氏立王子朝者即下二十三年秋尹氏立王子朝是也賊
未討何以書葬者正以隱十一年傳云春秋君弒賊不討不
書葬以爲無臣子也然則師有辭爾故此弟子据而難之○秋齊高發帥師伐莒
○冬葬許悼公賊未討何以書葬不成于弒也
曷爲不成于弒据將而誅之○于弒音弒試下于殺加殺皆同止進藥而
藥殺也時悼公病止進藥悼公飲藥而死止進藥而藥殺則曷爲

加弒焉爾据意善也譏子道之不盡也其譏子道
之不盡奈何曰樂正子春之視疾也樂正子春曾子弟子
以孝名聞（疏）注樂正至名聞　解云祭義云樂正子春下堂而傷其足數月不出猶有憂色門弟子云云子春曰
吾聞諸曾子曾子聞諸夫子曰天之所生地之所養無人爲
大父母全而生之子全而歸之可謂孝矣云云今予忘孝之
道予是以有憂色云云是也復加一飯則脫然愈復損一飯則
脫然愈復加一衣則脫然愈復損一衣則脫
然愈脫然疾除貌也言消息得其節○復加扶又反下同一飯扶晚反下同（疏）注復加至然愈○解云
言子春視疾之時消息得其節觀其顏色力少如可時更加
一飯以與之其病者脫然加愈若觀其顏色力少加弱時則
復損一飯以與之則其病者脫然加愈又觀其顏色力似寒
時則復加一衣以與之則病者脫然又加愈又觀其顏色力

[illegible]
一[illegible]次一[illegible]真[illegible]
[illegible]本同[illegible]十尊[illegible]
[illegible]章[illegible]次[illegible]十[illegible]書章[illegible]也
○金[illegible]十[illegible]
[illegible]

似如㲀則復損一衣以止進藥而藥殺是以君子
與之則病者脫然而愈加弒焉爾失其消息多少之宜曰許世子止弒其君買是
君子之聽止也聽治止罪葬許悼公是君子之赦
止也原止進藥本欲愈父之病无害父之意故赦之赦止者免止之罪辭
也明止但得免罪不得繼父后許男斯代立无惡文是也疏注明止至是也○解云正以此傳但有赦
止之文而无善止之勳故知但得免罪而已无嗣父之義矣
云許男斯代立无惡文是也者正以自此以后不見許男卒
葬之文唯有定六年春王正月癸亥鄭游遬帥師滅許以許
男斯歸是也言无惡文者正以不見立入之文故也若正宜
立而斯簒之春秋之義應作簒文以惡斯矣似若隱四年衛
桓見弒嗣子宜立而宣簒之經書立晉以爲惡晉之文也
二十一年春王正月○夏曹公孫會自鄸出奔宋
奔未有言自者此其言自何据始出奔未有言此者與宋華亥入宋南

里復出奔畔○鄸音蒙又亡忠反又亡貢反一
音亡增反者出舊於此下有比者非復扶又反疏注据始至言此○
解云謂始發国出未有言自者故云亦云與宋華亥入宋南
里復出奔異者即下文冬十月宋華亥向甯華定出奔陳二
十一年夏宋華亥向甯華定自陳入于宋南里以叛二十二
年春宋華亥向甯華定自宋南里出奔楚是也而言異者正
以華亥之徒奔而入叛邑之處乃始
出奔故得言自今會始出故云異矣畔也時會盜鄸以奔宋畔
則曷爲不言其畔畔言叛者當言以畔如鄸婁庶期疏注言叛至庶期○解云若
其作叛文當言公孫會以鄸出奔宋如似襄
三十一年邾婁庶其以漆閭丘來奔之類也爲公子喜
時之後諱也春秋爲賢者諱諱使若從鄸出奔者故與自南里同文○
爲公子于僞反下爲
賢爲會爲之諱同何賢乎公子喜時据喜時不書疏
注据喜時不書○解云正以曹羈叔肸春秋賢之者皆書見
經即莊二十四年冬曹羈出奔陳宣十七年冬公弟叔肸卒
之文是也今此喜時既不書見非
所賢矣則何賢乎喜時故難之讓國也其讓國奈

[illegible]

李梅實何以書記異也

[illegible]

何曹伯廬卒于師在成十三年則未知公子喜時從與喜時曹伯廬弟。從與才用反下音餘下從與同疏注喜時曹伯廬弟解云而賈服以爲廬之庶子者蓋所見本異也公子負芻從與負芻喜時庶兄或爲主于國或爲主于師古者諸侯師出世子率與守國次宜爲君者時棺絮從所以備不虞或時疾病相代行本史文不具故傳疑之。〇絮從女居反說文云絮緼也一曰敝絮也疏注古者至不虞解云春秋說文言率與守國者輿衆也謂率衆以守國也左氏春秋傳云大子之法君行則守是也其次宜爲君者謂君之子母弟也言持棺絮從者棺者櫬也即禮云以櫬從之文是也絮謂新綿即禮記云屬纊以俟絕氣之文是也云或時疾病相代行者正以曹伯無子喜時其母弟也當守國公子負芻是庶兄也禮當從君但或時負芻疾病而喜時代之行今傳不言者正以史文不具故也公子喜時見公子負芻之當主也逡巡而退賢公子喜時則曷爲爲會諱君子之善善也長惡惡也短惡惡止其身不遷怒也。〇逡七旬反惡惡並如字一讀上烏路反下同疏公子至其身。解云當依正禮喜時守國則負芻當主者在喪之處當主而來君其疾病求代行則負芻當主也者在國而當主矣善善及子孫賢者子孫故君子爲之諱也君子不使行善者有後患故以喜時之讓除會之叛不通鄸爲國如通濫者喜時本正當立有明王興當還國明叔術功惡相除裁足通濫介。〇濫力甘反又力暫反疏注不通至濫國。解云昭三十一年冬黑弓以濫來奔傳云文何以無邾婁注云據讀言邾婁通濫也注云通濫爲國故使無所繫爲通濫賢者子孫宜有地也賢者孰謂謂叔術也何賢乎叔術讓國也云云然則今若通鄸爲國宜云夏公孫會以鄸出奔宋傳云文何以無曹通鄸也曷爲通鄸賢者子孫宜有地也賢者孰謂謂喜時也何賢乎喜時讓國也云云今不如此者正以喜時本正當立若有明王興則滅國繼絕世之時當令還其國則不直通鄸邑以爲小国而已以此言之明叔術以讓国之功除其妻嫂殺顏之惡裁足通濫邑以爲小國而已不足以得邾婁也〇秋盜殺衛侯之兄

輒母兄稱兄兄何以不立 据立嫡以長○輒丁[illegible]反 繫嫡丁歷反長丁丈反[illegible]
疏注据立嫡以長○解云即隱元年傳曰隱長又賢何以
不宜立立嫡以長不以賢立子以貴不以長之文是也
有疾也何疾爾惡疾也 惡疾謂瘖聾盲癘禿跛傴不逮人倫之屬也書者惡衛侯
兄有疾不憐傷厚遇營衛不固至令見殺失親親也○公子不
言之兄弟言之者敵體辭嫌於尊卑不明故加之以絕之○[illegible]
以正名也○瘖於今反聾路工反癘力世反又力大反
禿吐木反跛布可反傴於矩反惡烏路反令力呈反 疏
注失親親也○解云失親親之道也 ○冬十月宋華亥向甯華定出
奔陳 月者危三大夫同時出奔將為國家患明當防之○向甯二傳作向寧 疏注月者至防之 解
云春秋之義大夫出奔例皆書時即成七年冬衛孫林父出
奔晉襄二十八年夏衛石惡出奔晉冬齊慶封來奔之屬是
也今此書月故須解之言將為國家患者即下文入于宋南
里以畔是也若言三大夫同時出奔然後乃月案莊十二年
冬十月宋萬出奔陳一大夫也亦書月者使與大國君出奔同明彊禦之甚是也 ○十有一月

辛卯蔡侯廬卒
二十有一年春王三月葬蔡平公○夏晉侯
使士鞅來聘○宋華亥向甯華定自陳入于
宋南里以畔宋南里者何若曰因諸者然 因諸者齊
故刑人之地公羊子齊人故以齊喻也宋樂大心自曹入于
蕭不言宋南里者略叛臣從刑人于國家尤危故重于入國○
重直用反 疏 入于至以畔○解云左氏穀梁皆作南里字而賈氏云穀梁曰南鄙蓋所見異也○宋南里者何
解云欲言其邑而繫宋言之欲言非邑入之而叛
與蕭相似故執不知問○注因諸至之地○解云舊說云即
博物志云周曰囹圄齊曰因諸是也○注宋樂至言宋○解
云即定十一年秋宋樂大心自曹入于蕭注云不言叛者從
叛臣叛可知者是也何氏特引此事者正以
自外而入與此相似而不繫宋故須解之 ○秋七月壬
午朔日有食之 是後周有篡禍 疏 注是後周有篡禍○解云在明年 八月

乙亥，叔痤卒。叔痤在禾反左氏作叔輒【疏】叔痤卒○解云左氏穀梁作叔輒○

冬，蔡侯朱出奔楚。出奔者爲東國所篡，出大國奔例月，此時者惡背中國而與楚，故略之。○惡烏路反下音佩【疏】冬蔡侯朱○解云左氏與此同，穀梁作蔡侯東。○注出奔至篡也○解云知此者，正以二十三年夏六月蔡侯東國卒于楚故也。篡不書者，東國之下自有注說。○注大國至略之○解云大國奔例月者，即桓十六年十一月衛侯朔出奔齊之徒是也。言惡背中國而與楚者，即奔楚是也。

○公如晉，至河乃復。

二十有二年，春，齊侯伐莒。宋華亥、向寧、華定自宋南里出奔楚。前出奔已絕賤，復錄者，以故大夫專勢入南里犯君而出，當誅也。言自者，別從國去。○復扶又反別從彼列反下同【疏】注前出至國去○解云在上二十年冬也。春秋之例，大夫奔之後其位已絕，即襄二十八年冬齊慶封來奔，其後因齊奔吳，經不書之是也。今此書者，正以專勢入南里犯君而出，起其當誅故也。○云言自者別從國去者，謂言自宋南里者，欲別於宋萬出奔陳之文，從國都而去者故也。

○大蒐于昌姦。大蒐所求反本亦作蒐昌姦二傳作昌閒○夏，四月，乙丑，天王崩。○六月，叔鞅如京師。○葬景王。○王室亂。謂王猛之事。【疏】注謂王至之事○解云即下文秋劉子單子以王猛入于王城是也。不言子朝者，子朝于時篡事未成故也。

何言乎王室亂？据天子之居稱京師，天王入于成周，天王出居于鄭，不言亂。【疏】注据天至京師○解云桓九年紀季姜歸于京師，京師者何？天子之居也。京者何？大也。師者何？衆也。天子之居必以衆大之辭言之是也。云天王入于成周者，下二十六年冬十月天王入于成周是也。以上二事以解文何言乎王室之意。云天王出居于鄭不言亂者，即僖二十四年冬天王出居于鄭是也。

言不及外也。宮謂之室。刺周室之微，邪庶而篡，無一諸侯之助，匹夫之救，如一家之亂也。故變京師言王室，不言成周言王室者，正王以責諸侯也。傳不事事悉解者，言不及外，外當責之，故正王可知也。不爲天子諱者，方責天下不救之。○邪似嗟

[illegible]

……宋公固卒……[illegible]

[illegible]……秋八月……[illegible]

[illegible]

宋華元出奔晉……[illegible]

[illegible]十有一月……[illegible]

[illegible]

必嗟反疏注宮謂之室。解云爾雅文云邪庶並篡者上以子猛子朝皆非正適故謂之邪庶也其篡敵王故
謂之並篡時子朝篡事未成而言並篡者欲見尹氏之黨邑
有立之之意也云無一諸侯之助匹夫之救者正以變京師
言王室故知如此云不言成周言王室者正王以責諸侯也
者公羊之義以成周是正居既不言京師亂何故不言成周
亂而言王室亂者又欲正其王號以責諸侯不救之謂敬王
為王矣其若不然景王之崩至今期年其嗣子在後得云王
室乎云傳不事事悉解者傳若事悉解宜云不言京師言王
室者刺周家之微也如一家之亂而已責諸侯不救急者天
王之號今不爾者正以言不及外之文足兼此等之意是故
不復費辭耳云言不及外即是外邊諸侯之當責之可知由
是之故須者言王責諸侯之不救也故曰皆可知云注不為
天子諱者方責天下不救之者閔二年傳云曷為外之春秋
為尊者諱然則春秋之義為尊者諱今天子微弱不能討亂
失國之刑而不為諱者方責天下不救之是以不得不見者
矣

劉子單子以王猛居于皇其稱王猛何據未踰年巳葬當稱子疏注據未至稱子。解云正以莊三十二年傳云既葬稱子踰年稱公故也言巳葬者即上文並葬景王是也

當國也時欲當王者位故稱王猛見當國也錄居者事所見也不舉猛為重者時猛尚幼以二子為討勢故加以以者行二子意辭也二子不舉重者尊同權等。見當賢編反下同疏注時欲至國也。解云正
以言王須國受師以當國之人鄭段之徒矣云錄居者事所
見也者正以當國之人未成為王理宜略之而錄其居者春秋
譏刺其篡逆若不書云王猛居于皇則其當國之事無由見
故曰錄居者事所見也云不舉猛為重者春秋之從悉皆舉
重是以下二十三年秋天王居于狄泉之經不言其入夫以
之今不舉重故如此解也云以者行二子意辭也者正以桓
十四年宋人以齊人衛人蔡人陳人伐鄭以者何行
其意也何氏云以巳從人曰行言四國行宋意是也。秋

劉子單子以王猛入于王城王城者何西周

也時居王城邑自號西周主疏王城者何。解云欲言正居文無以成周之稱欲言非正居王猛入之故執不知問

其言入何據非成周疏注據非成周。解云正以入公羊之義以成周為正居故言
此矣是以二十六年冬十月天王入于成周是也

篡辭也時雖不入成周巳得京師地半稱王置官自号

[illegible]

西周故從篡辭言入起其事也不言西周者正之（疏）注故從篡
無二京師也不月者本無以國無可與別輕重也從篡
辭言入○解云正以春秋之義立納入皆爲篡辭故此謂入
爲篡辭矣○注不月至重也○解云春秋之義大國之篡例
合書月即隱四年冬十二月衛人立晉之徒是何者以其禍
大故也小國例時以其禍小矣即昭元年秋莒去疾自齊入
于莒之文是今此入王城之邑而篡天子計其禍實如大
國之例而不月者正以本無可與別輕重之義是以時之也

○冬十月王子猛卒此未踰年之君也其稱

王子猛卒何 據子卒不言名外未踰年君不當卒（疏）注據子卒不言名○解云即文十八年
冬十月子卒是也云外未踰年君不當卒者正以春秋上下
無其事故也而僖九年冬晉里克弑其君之子奚齊書者彼
乃見殺非此之類也而言外者正以
內之子般子野之徒皆書之故也 不與當也不與

當者不與當父死子繼兄死弟及之辭也 春秋篡成
者皆與使當君之父死子繼兄死弟及者篡所緣得位成爲
君辭也猛未悉得京師未得成王入外未踰年君三者皆不

當卒卒又名者非與使當成爲君也嫌上入無成周文非篡
辭故從得位卒明其爲篡也月者方以得位明事故從外未
踰年君例（疏）注春秋至辭也○解云即公及齊侯盟于祠鄭侯
小白卒之徒是也○注猛未至當卒○解云猛未
悉得京師即從篡不成已是不當卒而假令得作外踰年君
問自不得書其卒況未成外踰年君實不得書其卒言二者
不當卒矣○注卒又至篡○解云既不合卒今書其名非欲
成其爲君但嫌上經入于王城之時無成周之文恐其非篡
辭故從其得位而書其卒正欲明爲篡故也○注月者至君
例○解云篡既不成理宜略之而書其月者春秋方諱其卒
君得位然以明其篡事故曰方以得位明事也言故從外未
踰年君例者即僖九年冬晉里克弑其君之子奚齊何氏云
弑未踰年君例當月不月者不正遇禍終始
惡明故略之今此書月從未踰年君例矣 ○十有二月

癸酉朔日有食之 是後晉人圍郊郊天子邑

何休學

二十三年春王正月叔孫舍如晉○癸丑叔鞅卒○晉人執我行人叔孫舍○晉人圍郊

郊者何天子之邑也天子閒田有大夫主之○閒音閑 疏 叔孫舍者○解左氏穀梁作婼字○郊者何○解云欲言外邑文無所繫欲言魯邑而不言伐我故執不知問也 曷為不繫于周不與伐天子也與侵柳同義 疏 注與侵柳同義○解云即宣元年冬晉趙穿帥師侵柳傳曰柳者何天子之邑也注云天子閒田也有大夫守之晉與大夫忿爭侵之也曷為不繫乎周注云據王師敗績于貿戎繫王不與伐天子也注云絕正其義使若兩国自相伐今此圍郊亦然故曰與侵柳同義然則彼已有傳今復發之者正以侵圍異文故也且若不發傳無以知其伐天子 ○夏六月蔡侯

東國卒于楚不日者惡背中国而與楚故略之月者比肸附父仇責之淺也不書葬者篡也篡不書者以惡朱在三年之内不共悲哀舉錯無度失衆見篡○惡背烏路反下同背音佩共音恭錯七故反 疏 注不日至略之○解云正以大国之卒例皆書日今此不日故解之言背中国而與楚者即此文卒於楚是也○注月者至淺也○解云僖十四年冬蔡侯肸卒注云不月者賤其背中国而附父仇故略之甚也然則彼過深故不月此則過淺但不日而已云云之說備於僖十四年云不書葬者篡也者以春秋之例篡不明者例不書葬今此東国篡不明不書其葬以明篡矣○注篡不至見篡○解云二十一年冬蔡侯朱出奔楚何氏云奔者為東国所篡然則東国既篡於朱而無立入之文者正欲惡朱故也何者東国篡朱而無文則知春秋之義惡朱明矣言在三年之内者即二十年冬蔡侯廬卒至二十一年冬朱即出奔故曰三年之内也所見之世始録諸侯内行小失不可勝書是以春秋但備而見譏而已故何氏云不共悲哀舉錯無度而已矣凡是為人所篡皆失衆之所由故何氏云失衆見篡也 ○秋七月莒子庚輿來奔○戊辰吳敗頓胡沈蔡陳許之

師于雞父胡子髡沈子楹滅獲陳夏齧此偏戰也曷為以詐戰之辭言之據甲戌齊国書及吳戰于艾陵俱與夷狄言戰今此從詐戰辭言敗○雞父音甫髡苦門反楹音盈左氏作逞穀梁作盈夏户雅反齧五結反艾五蓋反（疏）此偏戰也○解云正以春秋之例偏戰者日詐戰則月今此書日故言偏戰○注據甲戌至言敗○解云即哀十一年夏五月公會吳伐齊甲戌齊国書帥師及吳戰于艾陵齊師敗績獲齊国書是也不與夷狄之主中國也序上言戰別客主人直不直也今吳序上而言戰則主中国辭也○別客彼列反下及傳同（疏）注序上言戰○解云以莊二十八年齊伐衛衛人及齊人戰衛人敗績傳云春秋伐者為客注云伐人者為客伐者為主注云見伐者為主故使衛主之也彼注云戰序上言及者為主曷為使衛主之衛未有罪矣注云蓋為幽之會服父喪未終而不至故又僖十八年春宋公以下伐齊夏宋師及齊師戰于甗齊師敗績傳云春秋伐者為客伐者為主曷為不使齊主之與襄公之征齊也曷為與襄公之征齊桓公死豎刀易牙爭權不葬為是伐之也以此言之若主人直則主序上

若客直則客序上故云序上言戰別客主人直不直今吳人序其上而言戰則是吳人為主中国之辭故不得言戰直言敗而已故云不與夷狄之主中国然則曷為不使中國主之據齊国書主吳中國亦新夷狄也中国所以異乎夷狄者以其能尊尊也王室亂莫肯救君臣上下壞敗亦新有夷狄之行故不使主之不稱国国出師者賤略之言之師者辟許獨稱師上五国稱国之嫌○之行下孟反下同（疏）注君臣上下壞敗者○解云不救天子有無君臣上下之道故云君臣上下壞敗○注不稱国国出師者賤略之者○解云決桓十三年春齊師宋師衛師燕師敗績之文○注言之師者○解云若不言之直言吳敗頓胡沈蔡陳許師于雞父則嫌師文獨使許稱自陳以上單稱国是故言之以散之矣其言滅獲何據蔡公孫歸生滅沈以沈子嘉歸殺之国言滅君言殺又獲晉侯言獲此陳夏齧亦言獲君大夫無別（疏）注據蔡至言殺○解云即定十四年夏四月庚辰蔡公孫歸生帥師滅沈以沈子嘉歸殺之彼国言滅君言殺今此君言滅是以據而難之云又獲晉侯言獲者即僖十五年冬十一月壬戌晉侯及秦伯戰于韓獲晉侯是也然則国言滅君言殺以

[illegible]

中國亦新夷狄也

[illegible]

解傳其言滅何之文又獲晉侯言獲以解傳其言獲何之文

別君臣也。君死于位曰滅，生得曰獲，大夫生死皆曰獲。大夫不世，故不別死位。○

【疏】君死于位曰滅者　解云即此胡子髡沈子楹滅是也。生得曰獲者即獲晉侯是也。大夫生死皆曰獲者大夫死曰獲者即此獲陳夏齧及哀十一年獲齊國書之屬是也。其大夫生得曰獲者宣二年獲宋華元是也。○注大夫不世故不別死位　解云正謂諸侯世故別其死社稷與不若其死社稷者而經書滅不能若是之言獲也大夫不世是以不別之故下問生死皆謂之獲也

不與夷狄之主中國，則其言獲陳夏齧何？據荊敗蔡師于莘以蔡侯獻舞歸不言獲○莘所巾反

【疏】注據荊至言獲　解云在莊十年秋九月彼傳云曷為不言其獲不與夷狄之獲中國也

吳少進也。能憂□偏戰有□進

故從中國辭治之髡楹下云滅者死戰當加禮待晉若自相頃也經先舉敗文嫌敗遂及獲也故以自滅為文明本不亡位乃敗之兩名者從其辭也

【疏】注髡楹至順也　解云獲晉侯戰部子之若皆獲戰之文在今上髡楹之滅滅文在下者以其死戰當合加禮故退滅文於下使若公子交卒之類不為人所殺然故曰使若自卒一則不言戰不與夷狄之主中國一則其言滅不與夷狄之殺諸侯二理合符故言相須也○注名者從赴辭也　解云公羊之義合書則書不待赴告而言從赴辭者正以髡楹既死故胡沈之臣赴告鄰國云道寡君某甲為吳所滅諸侯之史悉書其名孔子案諸國之文而為春秋由是之故錄其名矣故曰名者從赴辭隱公八年夏六月己亥蔡侯考父卒秋八月葬蔡宣公傳云卒何以名而葬不名卒從正注云卒當赴告天子君前臣名故從君臣之正義言也而葬從主人故注云至尊者有常月可知不赴告天子故從蔡臣子辭稱公也以此言之則此注云名者從赴辭者謂其赴告天子之辭是以稱人矣

○天王居于狄泉。此未三年，其稱天王何？據毛伯來求金不稱天王

【疏】注據毛至天王　解云即文九年毛伯來求金是也彼云何以不稱使當喪未君也踰年矣何以謂之未君即位矣而未稱王也未稱王何以知其即位以諸侯之踰年即位亦知天子之踰年即位也注云俱繼體其禮不得異以天子三年然後稱王亦知諸侯於封內三年稱子也然則天子之法三年然後方始稱王故此傳云此未三年其稱王

何昭毛伯不稱天王以難之**著有天子也**時庶孽並篡天王失位居微弱甚故急著正其號明天下當救其難而事之〇孽魚列反難乃旦反

尹氏立王子朝貶言尹氏者著世卿之權尹氏貶王子朝不貶者年未滿十歲未知欲富貴不當坐朝罪在尹氏〇子朝如字（疏）注貶言尹氏者 解云即隱三年夏尹氏卒之下傳云尹氏者何天子之大夫也其稱尹氏何貶曷為貶譏世卿世卿非禮也云年未滿十歲者何氏更有所見或者正以衛人立晉莒展去疾之徒悉去公子見其當國今此王子朝經無貶文乃與楚公子比之經相似案上十三年公子比之下傳云此已立矣其稱公子何其意不當也以此言之明其幼少也年既幼少未貪富貴故以未盈十歲言以下二十六年出奔之時年已緒長而不去王子者順上文也

〇八月乙未地震是時猛朝更起與王爭入遂至數年晉陵周竟吳敗六國季氏逐昭公吳光弑僚滅徐故曰至三食地為再動〇更音庚數所主反為子偽反（疏）是時至數年 解云猛卒子朝篡來世近而子朝復逆故曰猛朝更起上王猛入于王城今言天王居于狄泉尹氏立王子朝二十六年天王入于成周王子朝奔楚是故云與王爭入地首尾五載故曰遂至數年云晉陵周竟者即上圍郊是也云吳敗六國者上文云吳敗頓胡沈蔡陳許之師是也云季氏逐昭公者即下二十五年九月癸亥公孫于齊是也〇注吳光殺僚滅徐者即下二十七年夏四月吳弑其君僚滅徐者即下三十年冬十二月吳滅徐徐子章禹奔楚是也云故曰至三食地為再動者上二十一年秋七月壬午朔日有食之二十二年十有二月癸酉朔日有食之二十四年夏五月乙未朔日有食之故云日至三食也上十九年夏五月己卯地震今年又震故曰地為再動

〇冬公如晉至河公有疾乃復何言乎公有疾乃復據上比乃復不言公不言有疾（疏）注據上至有疾 解云上十三年冬公如晉至河乃復又二十一年冬公如晉至河乃復皆言公如晉至河乃復而云不言公者正謂至河之下不言公疾**殺恥也**因有疾以殺畏晉之恥舉公者重疾也子之所慎齋戰疾

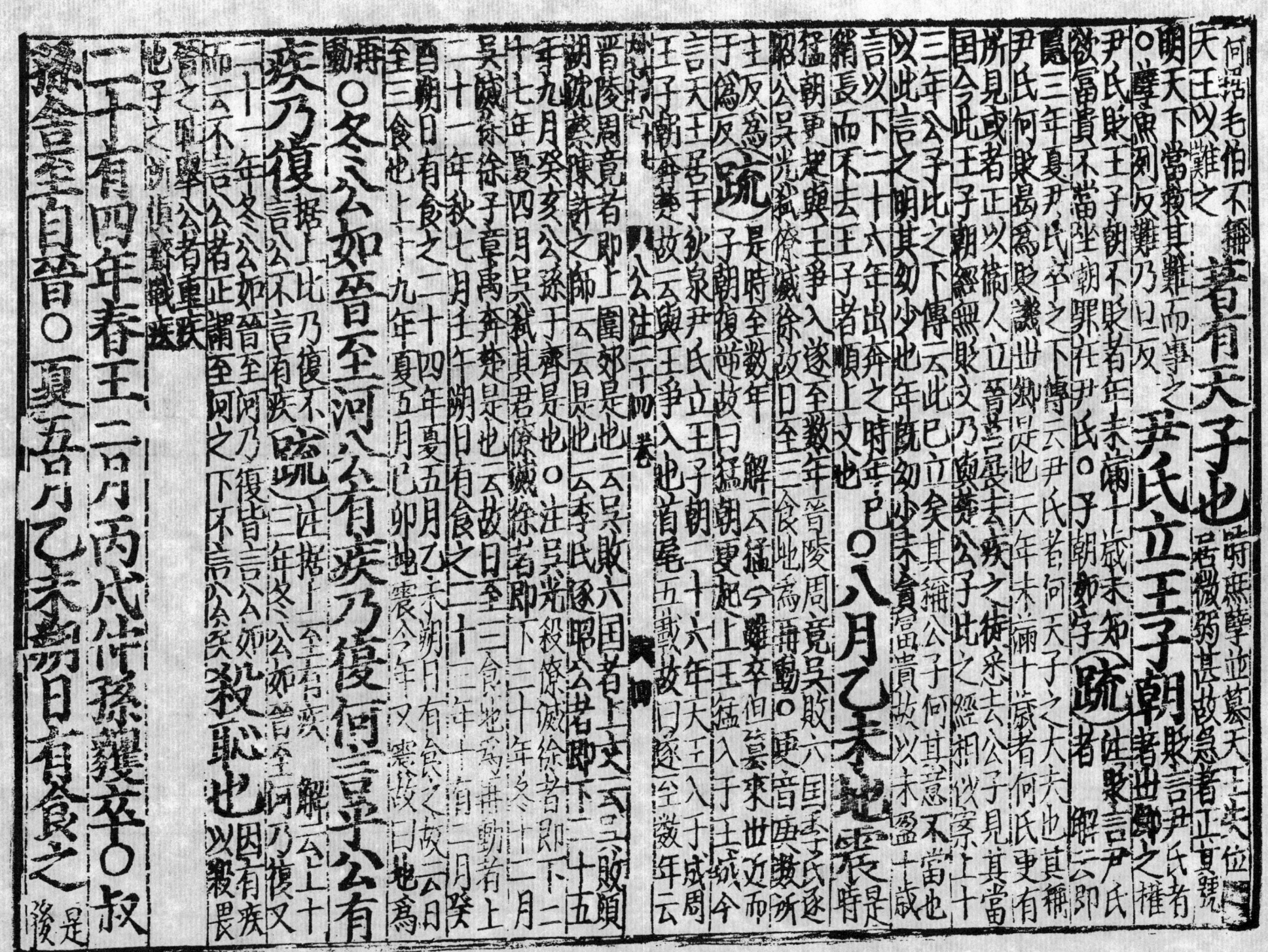

二十有四年春王二月丙戌仲孫貜卒〇叔孫舍至自晉〇夏五月乙未朔日有食之是後

[illegible]

二十有四年春王二月丙戌仲孫貜卒○[illegible]

[illegible]

季氏逐昭公吳滅巢弑其君僚又滅徐。秋八月大雩先是公如晉叔孫獲卒民被其役時年叔倪出會故秋七月復大雩。被皮寄反。丁酉杞伯鬱釐卒。鬱釐音來反力之反二傳作郁釐。冬吳滅巢。葬杞平公（疏）叔孫舍至自晉

解云上十四年春隱如至自晉以其被執而還故省去其氏今此叔孫舍不去氏者蓋以無罪故也是以文十四年傳云稱行人而執者以其事執也注云以其所銜奉國事執之晉人執我行人叔孫舍是也不稱行人而執者以已執也注云已者已大夫自以大夫之罪執之分別之者罪惡當各歸其本以此言之則知隱如有罪故去其氏叔孫無罪故無貶文若然文十五年夏單伯至自齊案彼單伯亦以其有罪執而存其氏者恥之故也是以彼注云不省去氏者淫當絕使若他單伯至是也王是後季氏逐昭公者在下二十五年九月云吳滅巢者在今年冬云弑其君僚者在二十七年云又滅徐者在三十年冬先言季氏逐昭公者正欲央吳事故也杞伯鬱釐卒者左氏穀梁作郁釐字今正本亦有郁字者

二十有五年春叔孫舍如宋。夏叔倪會晉

趙鞅宋樂世心衛北宮喜鄭游吉曹人邾婁人滕人薛人小邾婁人于黃父。倪音詣又五兮反左氏作詣樂世心世如字又以制反左氏作大心父音甫。有鸛鵒來巢何以書記異也何異爾非中國之禽也宜穴又巢也非中國之禽而來居此國國將危亡之象鸛鵒猶權欲宜穴又巢此權臣欲國自下居上之徵也其後卒為季氏所逐。鸛音權左氏作鸛音劬鵒音欲（疏）夏叔倪者穀梁與此同左氏經賈注者作叔詣字。有鸛鵒來巢者。解云案運斗樞云有鸛鵒來巢于榆此經不言于榆者欲道來巢即為異不依指其處所若莊七年傳云不修春秋曰雨星不及地尺而復君子修之曰星霣如雨何氏云明其狀似雨爾不當言雨星不言尺者霣則為異不可以尺寸錄之非中國之禽也者謂是夷狄之鳥以異義公羊說云鸛鵒夷狄之鳥不當來入中國鄭君駁之曰春秋之鳥不言來者多為夷狄來也若鸛鵒乃飛從夷狄而來則昭將去遠國之刻以此言之則知非中國之禽者謂是夷狄之鳥而冬官云鸛鵒不踰濟鄭氏云無然於

[illegible]

[illegible]行其謂非中國之命[illegible]象[illegible]文象也[illegible]

[illegible]

[illegible]入[illegible]人[illegible]

[illegible]

一千一百[illegible]年[illegible]本○夏[illegible]會[illegible]

[illegible]

冬[illegible]○[illegible]八[illegible]

[illegible]秋八月大寒[illegible]

中国有之者何氏所不取也舊解以為中国国中者非得注之意穀梁與此同○秋七月上辛
大雩季辛又雩又雩者何又雩者非雩也聚
衆以逐季氏也一月不當再舉雩言又雩者起非雩也昭公依托上雩生事聚衆欲以逐季氏
不書逐季氏者諱不能逐反起下孫及為所敗故因雩起其事也但舉日不舉辰者辰不同不可相為上下又日為君辰
為臣去臣則逐季氏意明矣上不當日言上辛者為下辛張本不言下辛言季辛者起季氏不執下而逐君○下孫音遜
下文同去起呂反為下于偽反下而為同【疏】又雩者何○解云諸復雩祭文悉不言又異于常例故執不知問○
注一月至事也○解云公羊僖三年注云大平一月不雨即書春秋亂世一月不雨未告物未及為異當滿一時乃書然則春
秋之義一時能害方始書雩豈有再舉真雩乎故曰一月不當再舉雩矣既無再舉雩之例而言又雩者可以起其非實
雩故云言又雩者起非雩也○注但舉至上下○解云正以去年夏五月乙未朔日有食之則此月上辛為辛丑下辛為
辛酉所以直言辛不兼言丑酉者若言辛丑辛酉即是參差不同不可相為上下故也○注又日至明矣○解云十日為

陽為幹故為君之義十二辰為陰為臣之象故云日為君辰為臣○注上不至張本○解云春秋之雩其例書時
即桓五年秋大雩之文是故云上不當日也若然亦不合月而云七月者欲見上辛下辛皆七月之日故○注不言至逐
君○解云凡言上者對下之辭既言上辛而不言下辛者欲起季氏不執臣下之罪而逐君矣○九月己
亥公孫于齊次于楊州地者臣子痛君失位詳錄所舍止○揚州左氏作陽州○
【疏】注地者至舍止○解云地者即經書次于楊州是也春秋之義遜皆舉重不舉公孫為重而復書次于楊州者
臣子哀痛公之失位是以詳錄公之所舍止之處矣○齊侯唁公于野井唁音彥公
者何昭公將弒季氏傳言弒者從昭公之辭○唁音彥將弒音試下及注同【疏】
唁公者何○解云失国見唁在可諱之限今而書見故執不知問○注傳言至之辭○解云君討臣下正應言殺今傳云
弒故須解之而言從昭公之辭者即下文云吾欲弒之如何是也季氏為無道者謂無日之道告子家駒
曰季氏為無道僭於公室久矣謂侵擅公室吾欲弒

之何如昭公素畏季氏意者以爲如人君故言弒疏注昭公至言弒○傳云隱四年傳云與弒公
氏云弒者殺君之辭然則臣下犯於君父皆謂之弒今昭公欲討臣下而言弒違於常義故須解之子家駒
曰諸侯僭於天子大夫僭於諸侯久矣昭公
曰吾何僭矣哉失禮成俗不自知也疏注失禮成至知也○解云正以魯人始僭在春
秋前至昭已久故不自知子家駒曰設兩觀禮天子諸侯臺門天子外闕兩觀諸侯內
闕一觀○觀工亂反注同疏注禮天子至闕○解云在禮器文云天子外闕兩觀諸侯內闕一觀者禮說文也
乘大路禮天子大路諸侯路車大夫大車士飾車疏注禮天子大至飾車○解云顧命之文也云諸
侯路車詩云路車乘馬是也云大夫大車者即詩云大車檻檻是也云士飾車者即書傳云乘飾車兩馬庶人單馬木車
是也朱干干楯也以朱飾楯楯食允反又音尹玉戚戚斧也以玉飾斧○王戚干戚反以玉飾斧○
以舞大夏大夏夏樂也周所以舞夏樂者王者始起未制作之時取先王之樂與己同者假以風化

天下天下大同乃自作樂取夏樂者與周俱文也王者舞六樂于宗廟之中舞先王之樂明有法也舞己之樂明有則也
舞四夷之樂大德廣及之也東夷之樂曰株離南夷之樂曰任西夷之樂曰禁北夷之樂曰昧○大夏戶雅反注曰株離
音誅禁音金又居鴆反疏注東夷之樂至曰昧○解云以下皆樂說文彼注云陽氣始起於懷任之物名離其
株也南者任也盛夏之時物皆懷任矣草木畢成禁者如收斂盛陽消盡藏其光景昧然是也八佾以舞
大武此皆天子之禮也且夫牛馬維婁繫馬曰維繫牛
曰婁○佾音逸且夫音扶下有夫并注同婁力主反疏此皆天子之禮也○解云以周公之功得用四代之樂而
以大夏之徒謂之爲僭者刺其羣公之廟若祭周公則簫○牛馬維婁者○解云皆謂繫之於廄不得放逸于郊也○注
繫馬曰維者即詩云皎皎白駒縶之維之是也繫牛曰婁者正以上言牛馬下言維婁維既屬馬婁屬於牛亦可知矣而
文不次者意到則言矣舊說云婁者侶也謂聚之於廄委己者也委食己者○委己于僞反注同
○己音紀委食音飼下同而柔焉順疏委己者也而柔焉○解云言牛馬之畜猶順於己之人而

季氏作賞有年歲矣民從之固是其宜矣 季氏得民衆久矣 季氏專賞罰得民衆之心
又矣民順從之猶斗馬之於委食已者 君無多辱焉 恐民必不從君命已為季氏用反逐君也
云爾子家駒上說正法下引時事以諫者欲使昭公先自正乃正季氏 疏 注子家駒上說下法者○解云即謂
上文朱干玉戚之屬是也云下引時事者謂牛馬維婁是也 昭公不從其言終弒
而敗焉 果欲為季氏所逐 疏 終弒之者 解云謂季氏欲往攻殺之也 走之齊齊
侯唁公于野井 弔亡國曰唁弔死國曰弔喪主曰傷弔所執紼曰絻○紼音弗絻音問 疏
注弔亡國曰唁者○解云此文是也○注弔喪至曰絻○解云皆當時之制也 曰奈何君去魯
國之社稷昭公曰喪人 自謂亡人○喪息浪反亡也 不佞 不善 失
守魯國之社稷執事以羞 謙自比齊下執事言以羞及君 疏 執事
以羞○解云言己之尊卑比齊之執事也而與諸不善失守社稷由是之故以羞及君 再拜顙 顙者猶今

叩頭矣謝見唁也○再拜顙息黨反見而稽顙也 慶子家駒 慶賀 曰慶子免
君於大難矣子家駒曰臣不佞陷君於大難
君不忍加之以鈇鑕賜之以死 鈇鑕要斬之罪即所賜之以死○大
難乃旦反下同鈇音甫又方于反鑕之實反要一遙反 再拜顙 謝恩侯所慶 高子執簞
食 簞葦器也圓曰簞方曰笥食即下所致糗也○簞音丹葦器食音嗣注葦于鬼反笥思嗣反糗去九反又昌紹
反 疏 注簞葦器也至方曰笥○解云釋器無文蓋以時事言之云食即下所致糗也者即下文云敢致糗於從
者是也 與四脡脯 屈曰朐申曰脡○脡他頂反又大頂反朐其俱反 疏 注屈曰朐申曰
脡者○解云正以脡是伸篩之名則知朐是屈曲之稱矣鄭注曲禮上篇云屈中曰朐義通於此 國子執
壺漿 壺禮器腹方口圓曰壺反之曰方壺有爵飾 疏 注壺禮器○解云即燕禮云司宮尊于東楹之
西兩方壺左玄酒南上是也云腹方至爵飾者釋器無文蓋用舊說或以時事知之言有爵飾者謂刻畫爵之形飾其

壼禮

曰吾寡君聞君在外餕饔未就餕熟食饔熟肉未就未成

也解所以致糗意○餕音俊（疏）注餕熟食饔熟肉○解云聘禮曰宰夫朝服設飧飪一牢在西鼎九是飧爲熟

食也又一云致飧及饔餼五牢飪一牢云云上文對饔餼下文有飪一牢之言故知熟肉明矣敢致糗于從

者糗糒也○謙不敢斥魯侯故言從者○于從才用反注及下皆同糒音備（疏）注糗糒也○解云言糗糒共入

之糒米也○糗炊紹反又蓋九反糒平秘反昭公曰君不忘吾先君延

及喪人錫之以大禮再拜稽首以衽受衽衣下裳當前

者之器謙不敢求索○衽而甚反又而鴆反掩裳際也索所白反（疏）錫之以大禮已文糗是也○注衽衣至之

器自解云所以衽受之者而以行客之人於器物之故也高子曰有夫不祥猶曰人皆

有夫不善君無所辱大禮禮已受君錫答拜謂之拜命謂之辱高子見昭公拜辱大甲故曰君

無所辱大禮○大甲音泰下大學同昭公蓋祭而不嘗食必祭者謙不敢便嘗示有所

先不嘗者待禮讓也（疏）注祭必至讓也○解云九禮食必先須祭者正欲作謙其未祭之時不敢便即嘗之欲示

有所先今昭公祭訖猶不嘗者正欲待禮讓故也景公曰寡人有不腆先

君之服未之敢服腆厚也服謂齊侯所著衣服也言未敢服者見魯侯乃敢服之以謙辭

也禮天子朝皮弁夕玄端朝服以聽朝玄端以燕皮弁以征不義取寓觀行射諸侯朝朝服夕深衣玄端以燕裨冕以朝

天子以祭其祖禰爵弁大夫冕服而助君祭朝服祭其祖禰士爵弁黻衣裳以助公祭玄端以祭其祖禰○腆他典反厚也

著丁略反裨婢支反黻音弗（疏）注禮天子朝○解云皆出禮記漢禮亦然有不腆先君

之器器謂上所執簞壺（疏）注器謂上所執簞壺者上文高子執簞食國子執壺漿是也然則上言饔

飧未熟今則更以簞壺盛饔飧是未之敢用敢以請請行禮昭公曰

喪人不佞失守魯國之社稷執事以羞敢辱

大禮敢辭不敢當大禮故敢辭（疏）敢辱至敢辭○解云亦上有不字者古有不字則辭圖下讀是

以涖者以不敢言之景公曰寡人有不腆先君之服未之敢服有不腆先君之器未之敢用敢固以請昭公曰以吾宗廟之在魯也以我守宗廟在魯時有先君之服未之能以服有先君之器未之能以出敢固辭已有時未能以事人今已無有義不可以受人之禮（疏）未之能以服者舊云謂未能服之以事人矣下文未之能以出亦然○注今已无有者謂已身之已或解已為已然之已也景公曰寡人有不腆先君之服未之敢服有不腆先君之器未之敢用請以饗乎從者欲令受之故益謙言從者○令力呈反昭公曰喪人其何稱行禮賓主當各有所稱時齊侯以諸侯遇禮接昭公昭公自謙夫國不敢以故稱自稱故執謙問之○故稱尺證反景公曰孰君而無稱猶曰誰為君者而言無所稱乎昭公非君乎昭公於是噭然而哭噭然哭聲貌感景公言而自傷○噭古弔反一音古狄反諸大夫皆哭魯諸大夫從昭公者既哭以人為菑菑周埒垣也所以分別内外衛威儀今大學辟雝作側字○菑側其反又側吏反埒垣力悅反下同表別彼列反辟音壁（疏）注菑周埒垣也者○解云猶言周匝為埒垣云今大學辟雝作側字者謂何氏所注之時見今漢時大學辟雝所讀者作側字云既哭以人為側以幦為席幦車覆笭○幦亡狄反覆芳服反笭力丁反音呼闃反覆覆（疏）注幦車覆笭○解云笭即式也但車式以笭為之有豎者有橫者故考工記云六分其廣以一為之式之植者橫者也禮君羔幦虎犆大夫士鹿幦豹犆者是也以鞌為几以遇禮相見以諸侯出相遇之禮相見○鞌音安孔子曰其禮與其辭足觀矣言昭公素能若此禍不至是主書者喜感大國所唁地者稱錄公明臣子當憂納公也（疏）注地者稱錄至公也○解云書其唁公于野井者正欲稱公而詳錄之下二十九年春齊侯使高張來唁公不復書其地正以公居于運與在國同

[illegible]
[illegible]孔子曰[illegible]矣[illegible]
[illegible]
[illegible]請[illegible]大夫[illegible]
[illegible]非[illegible]
[illegible]
夫[illegible]公曰[illegible]寡人[illegible]
[illegible]
有[illegible]不[illegible]之[illegible]敢[illegible]用[illegible]以[illegible]服未之[illegible]敢[illegible]服[illegible]不[illegible]
[illegible]
[illegible]人[illegible]服未之[illegible]以[illegible]服[illegible]人果[illegible]
[illegible]公曰[illegible]以[illegible]
[illegible]有[illegible]之[illegible]用[illegible]以[illegible]
[illegible]景公曰寡人[illegible]不[illegible]服未之

故與此異下三十年晉侯使荀櫟唁公于乾侯地者與此同○冬十月戊辰叔孫
舍卒。○十有一月己亥宋公佐卒于曲棘。曲
棘者何。宋之邑也。諸侯卒其封内不地。此何
以地。憂内也。時宋公聞昭公見逐欲憂納之至曲棘而卒故恩錄之 疏 曲棘者何○解
云欲言宋邑例所不書欲言他邑文無所繫故執不知問○
諸侯卒其封内不地此何以地者正以桓五年陳侯鮑卒不
地是以弟子据而難之但宣公九年晉侯黑臀卒于扈之下已有成注故於此省文○十有二月齊
侯取運。外取邑不書。此何以書。為公取之也。
為公取運以居公善其憂内故書不與伐者以言語從季氏取之月者善錄齊侯○為公于偽反注同 疏 外取
邑不至以書○解云正据襄元年傳云魚石走之楚楚為之
伐宋取彭城以封魚石而經不書楚取彭城是也但隱四年
春莒人伐杞取牟婁之下有注故此省文○注不舉伐者○
解云正以隱四年春莒人伐杞取牟婁舉伐言取故決之云
大[illegible]小六[illegible]十二
月者善錄齊侯者正以哀八年夏齊人取讙及僤外
取邑而書時今此書月正以善憂内詳錄齊侯矣
二十有六年春王正月葬宋元公。○三月公
至自齊。居于運。月者閔公失国居運致者明臣子當憂納公不當使居運後不復月者始錄可
知。○不復扶又反下同 疏 三月公至于運○解云案上公遜于齊次于楊州齊侯唁公于野井以不入齊國都
而得言至自齊者穀梁傳云公次于楊州其曰至自齊何也
注云据公但至楊州未至齊以齊侯之見公可以言至自齊
也注云齊侯唁公于野井以親見齊侯為重故可言至自齊
居于鄆者公在外也注云若但言公至自齊而不言居于鄆
則嫌公得歸国欲明公實在外故言居于鄆○注月者閔至
居運者正以凡致例時故也○注致者至可知○解云桓元
年三月公會鄭伯于垂之下注云不致者為下去王適足起
無王未足以見無王罪深淺故復奪臣子辭成誅文也然則
昭公失所為臣所逐而致之者正以罪輕於桓公明其臣子
當憂納公故也云後不復月者始錄可知即此秋公至自會二
十七年冬公至自齊居于鄆之屬是也○夏公圍成。書者惡公失國幸而得運不脩文德以來

定後獲其民圍成不從叛書者本與國俱叛故不得復以叛重不從定公又以親圍下邑爲譏者昭無臣子又即如定公當致也。疏注不從至爲重。解云成三年秋叔孫僑惡烏路反如率師圍棘棘者何汶陽之不服邑也其言圍之何不聽也注云不聽者叛也不言叛者爲內諱故書圍以起之然則今此圍成是圍叛之文而知爲惡公書之者正以本與國俱叛理宜不復以叛爲重故也。注不從至臣子。解云定十二年十有二月公圍成注云天子不親征下士諸侯不親征叛邑不能圍成不能服不能以一國爲家甚危君從他國來故危錄之是也然則此經不書月亦與彼異而注不決之者省文從可知

○秋公會齊侯莒子邾婁子杞伯盟于剸陵不月者時諸侯相與約欲納公故內喜爲大信辭。剸音專本亦作專。疏注不月至信辭。解云春秋之義大信者時小信者月不信者日剸陵之會無相犯復無大信止合書月而書時者正以約欲納公故爲大信辭矣

公至自會居于運致會者責臣子明公已得意于諸侯不憂助納之而使居于運。疏注致會者至于運。解云莊六年注云公與二國以上出會盟得意致會不得意不致即哀十

三年夏公會晉侯及吳子於黃池秋公至自會宣七年冬公會晉侯以下于黑壤之屬是也然則公與二國以上出會盟得意致會明公已得意於諸侯

○九月庚申楚子居卒。○冬十月

天王入于成周成周者何東周也是時王猛自號爲西周天下因謂成周爲東周。疏成周者何。解云欲言正居經無京師之稱欲言非正居天王入之故孰不知問。注是時王至西周。解云謂是上二十二年時故彼經稱秋劉子單子以王猛入於王城傳云王城者何西周也注云時居王城邑自號西周王是也

其言入何据入者篡辭。疏注据入者篡辭。解云即莊六年衛侯朔入于衛之下傳文所云其言入何篡辭也是也

不嫌也上言天王者有天子已明不嫌爲篡二王言入者起其難也不言京師者起正居在成周實外之月者爲天下喜錄王者反正位。爲天于僞反。疏注上言至難也。解云謂此經上有天王之文下雖言入非篡可知上二十三年秋天王居于狄泉傳云此未三年其稱天王者何著有天子也然則此注云著有天子已明者取上傳之文云王言入者起其難也者正以僖八年春入郕之下傳其言入何難也莊二

十四年秋夫人姜氏入之下傳云其言入何難也然則入者
重難之辭故云主言入者起其難也○注不言至外之○解
云桓九年春紀季姜歸于京師之下傳云京師者何天子之
居也則天子之居乃京師是也今言天王入于成周不言入
京師者正欲起其正居在成周故也所以能起之者既爲天
王所入正居明矣言實外之者正以天子之重海內瞻望宜
親九族以自衛守而辟庶孽衆墮于外經歷數年方歸舊宇
是以不言京師欲以外之然則不言京師兼仁義矣初起成
周爲王居終實外天子故云不言京師起正居在成周實外
之也注云月者爲天下喜錄王者反正位者正以此上二十
二年秋劉子單子以王猛入于成周不書月
今此月者爲天下喜錄王者反正位故也

尹氏召伯毛伯以王子朝奔楚

立王子朝獨舉尹氏出奔并舉召
伯毛伯者明本在尹氏當先誅渠
帥後治其黨猶楚嬰齊
○渠率所類反或作帥

（疏）尹氏召伯至奔楚者○解云穀
梁與此同左氏召伯作召氏○

注云立王子朝獨舉尹氏者○解云即上二十三年秋尹氏
立王子朝是也云當先誅渠帥後治其黨者漢之賊首皆還
之渠帥故何氏云焉云猶楚嬰齊者成二年冬十有一月公
會楚公子嬰齊于蜀丙申公及楚人以下盟于蜀彼注云
會不序諸侯大夫者嬰齊楚專政驕蹇臣也數道其君率諸
侯侵中國故獨先舉于上乃貶之明本在嬰齊當先誅其本
乃及其
末是也

二十有七年春公如齊公至自齊居于運○

夏四月吳弒其君僚

不書闔廬弒其君者爲季子諱
明季子不忍父子兄弟自相殺
讓國闔廬欲其享之故爲没其罪也不舉專諸弒者起闔廬
當國賤者不得貶無所明文方見爲季子諱本不出賊以明
闔廬罪雖可貶猶不舉月者非失衆見弒
故不略之○爲季于僞反下同見賢遍反

（疏）注不書闔廬
弒其君者○

解云襄二十九年吳子使札來聘下傳云闔廬曰先君之所
以不與子國而與弟者凡爲季子故也將從先君之命與則
國宜之季子者也如不從先君之命與則我宜立者也僚烏
得爲君乎於是使專諸刺僚者闔廬弒僚之文也今不書闔
廬弒爲季子諱不討賊故也云明季子不忍父兄自相殺者
即彼傳云而致國乎季子季子不受曰爾弒吾君吾受爾國
是吾與爾爲篡也爾殺吾兄吾又殺爾是父子兄弟相殺終
身無已也去之延陵終身不入吳國者是其文也云不舉專

諸弒者桓二年春王正月戊申宋督弒其君與夷之下何氏注云督不氏者起馮當國然則彼經貶去督之氏者起其弒君取國與馮所以不舉專諸弒僚見取國與闔廬者正以其賤不得貶之假令書見正得稱人文無所明故也注月者明失衆見弒故不略之者文十八年冬莒弒其君庶其傳云稱國以弒何稱國以弒者衆弒君之辭何氏云一人弒君國中人人盡喜故舉國以明失衆當坐絕也例皆時者略之也然則稱國以弒者例皆不月以略之今此月者直是本不出賊以除闔廬罪是以稱國非失衆見弒之例故不略之○楚殺其大夫郤宛○郤宛去逆反下紆宛反○秋晉士鞅宋樂祁犂衛北宮喜曹人邾婁人滕人會于扈○犂力兮反又力私反冬十月曹伯午卒○邾婁快來奔邾婁快者何邾婁之大夫也邾婁無大夫此何以書以近書也說與鼻我同義○邾婁快本又作噲苦夬反疏注說與鼻我同義○解云即襄二十三年夏邾婁鼻我來奔傳云邾婁鼻我者何邾婁大夫也邾婁無大夫此何以書以近書也何氏云以奔無他義知以治近升平書也所傳聞世見治始起外諸夏錄大略小大國有大夫小國略稱人所聞之世內諸夏治小如大廩廩近升平故小國有大夫治之漸也見於邾婁者以近治也獨舉一國者時亂實未有大夫治亂不失其實故取足張法而已然則邾婁快亦以奔無他義知以治近太平書也見於邾婁者以其近魯故也太平世獨舉一國者時亂實未有大夫治亂不失其實但取足張法而已故云說與鼻我同義也云云之說在襄二十三年○公如齊公至自齊居于運

二十有八年春王三月葬曹悼公月者為下出也○為于僞反疏注月者為下出也○解云正以上十八年三月曹伯須卒秋葬曹平公二十七年冬十月曹伯午卒然則曹於所見之世止自卒月葬時故知此月宜為其下事出矣○公如晉次于乾侯乾侯晉地名月者閔公內為彊臣所逐外如晉不見答次于乾侯不諱者憂危不假殺恥後不月者錄始可知疏注後不月至可知○解云即下二十九年春公如晉次于乾侯是也○夏四月丙戌鄭伯

甯卒○伯甯乃定反下同左氏并下滕子名並作寧○六月葬鄭定公○

秋七月癸巳滕子甯卒○冬葬滕悼公

二十有九年春公至自乾侯居于運不致以晉者不見容于晉未至晉○齊侯使高張來唁公言來者居運從国內辭書者如晉不見荅喜見唁也不月者例時也

【疏】注言來至內辭者○解云正以下三十一年晉侯使荀躒唁公于乾侯不言來故也云不月者例時也者正以經不月故知例然則知下文荀躒唁公之徒雖在日月之下不蒙日月可知○公如

晉次于乾侯○夏四月庚子叔倪卒○秋七

月○冬十月運潰邑不言潰此其言潰何据国曰潰邑曰叛

【疏】注据国曰潰邑曰叛○解云即僖四年蔡潰文三年沈潰者是国曰潰之文襄二十六年春衞孫林父入于戚以叛定十三年春宋公之弟辰及仲佗石彄公子地自陳入于蕭以叛是邑曰叛之文郛之也

郛郭

【疏】注郛郭者郛之猶云国之但古今異語也曷為郛之据成三年棘叛不言潰也

【疏】注据成至潰也○解云即彼經云叔孫僑如帥師圍棘棘者何汶陽之不服邑也其言圍之何不聽也彼注云不聽者叛也是也

君存焉爾昭公居之故從国言潰明罪在公也不言國之言郛之者公失国也不諱者責臣子當憂而納之穀耶不知救危也孔子曰不患寡而患不均不患貧而患不安其本乃由于圍成失大得小而不能節用○

【疏】注不言国之言郛之者○解云正以桓七年春焚咸丘之下傳云咸丘者何邾婁之邑也曷為不繫乎邾婁国之也莊二年夏公子慶父帥師伐於餘丘之下傳云於餘丘者何邾婁之邑也曷為不繫乎邾婁之国也然則彼二文皆言国之今言郛之者正以昭公居国裁得国外十里而已其国內宗廟非公之有故傳言郛之不言国之耳云孔子曰不患寡而患不均不患貧而患不安者論語文言為国家者不患土地人民之寡少而患政令之不均平不患国無儲積而患君臣上下之不能相安而引之者欲道昭公政令失所是以出奔今居小地而復圍成擾亂其民令之不安由茲潰散無寸土可居又不得国而卒於外者自取之者也云其本乃由于圍成者圍成即二十六年夏公圍成是也失魯之大而

得運邑故曰失大得小不能自節約而用之乃復擾亂其民闔成也

三十年春王正月公在乾侯 月者閔公運潰無尺土之居遠在乾侯故以存君書明臣子當憂納之 疏 注故以存君書者○解云即襄二十九年春王正月公在楚何言乎公在楚正月以存君也彼注云正月歲終而復始臣子喜其君父與歲終而復始歡贊存之故言在今昭公運潰無尺寸之土可居遠在他邦故以存君書之故云公在乾侯○ 夏六月庚辰晉侯去疾卒 ○去起呂反 ○秋八月葬晉頃公 ○頃音頃 ○冬十有二月吳滅徐徐子章禹奔楚 至此乃月者所見世始錄夷狄滅小國也不從上州來巢見義者固有出奔可責○見賢徧反 疏 注至此至國也○解云正以宣二十六年秋楚人滅隗以隗子歸何氏云不月者略夷狄滅微國也然則此亦夷狄滅微國而書月者所見之世故也○注不從至可責○解云吳滅州來在上十三年冬吳滅巢在上二十四年冬然則州來與巢皆當所見世而不書月以見之至此乃月者正以既滅其國

復奔其君因責章禹不能死位是以於二國皆不書月也上經既不書月明其還同所聞之例故何氏決州來之下注云不月者略兩夷是也

三十有一年春王正月公在乾侯○季孫隱如會晉荀櫟于適歷 時晉侯使荀櫟責季氏不納昭公爲此會也季氏負揖謝過設納昭公昭公劉懸季氏不敢入公出奔在外無君命所以書會以殊外言來者從王魯錄諱亟取邑卒大夫者盈孫文○荀櫟本又作躒又作櫟亦適櫟也適丁歷反一音他負揖章樂反本又作揖懸烏路反亟去冀反孫音遜 疏 注季氏負揖至不敢入者○解云春秋說文彼注云負揖者聽刑之禮也昭公劉懸季氏不敢入者左傳亦有其文也○注公出至魯錄○解云春秋之義待君命然後卒大夫明其非君命者不錄之也今昭公不在所以書季孫隱如會晉荀櫟于適歷又書黑弓以濫來奔之文又以殊外若從王魯錄文故得然不爲爾時有君命也一云諱亟取邑者即下三十二年取闞傳云闞者何邾婁之邑曷爲不繫乎邾婁諱亟也注云與取濫爲亟是也云卒大夫者盈孫文者即上二十九年公遜

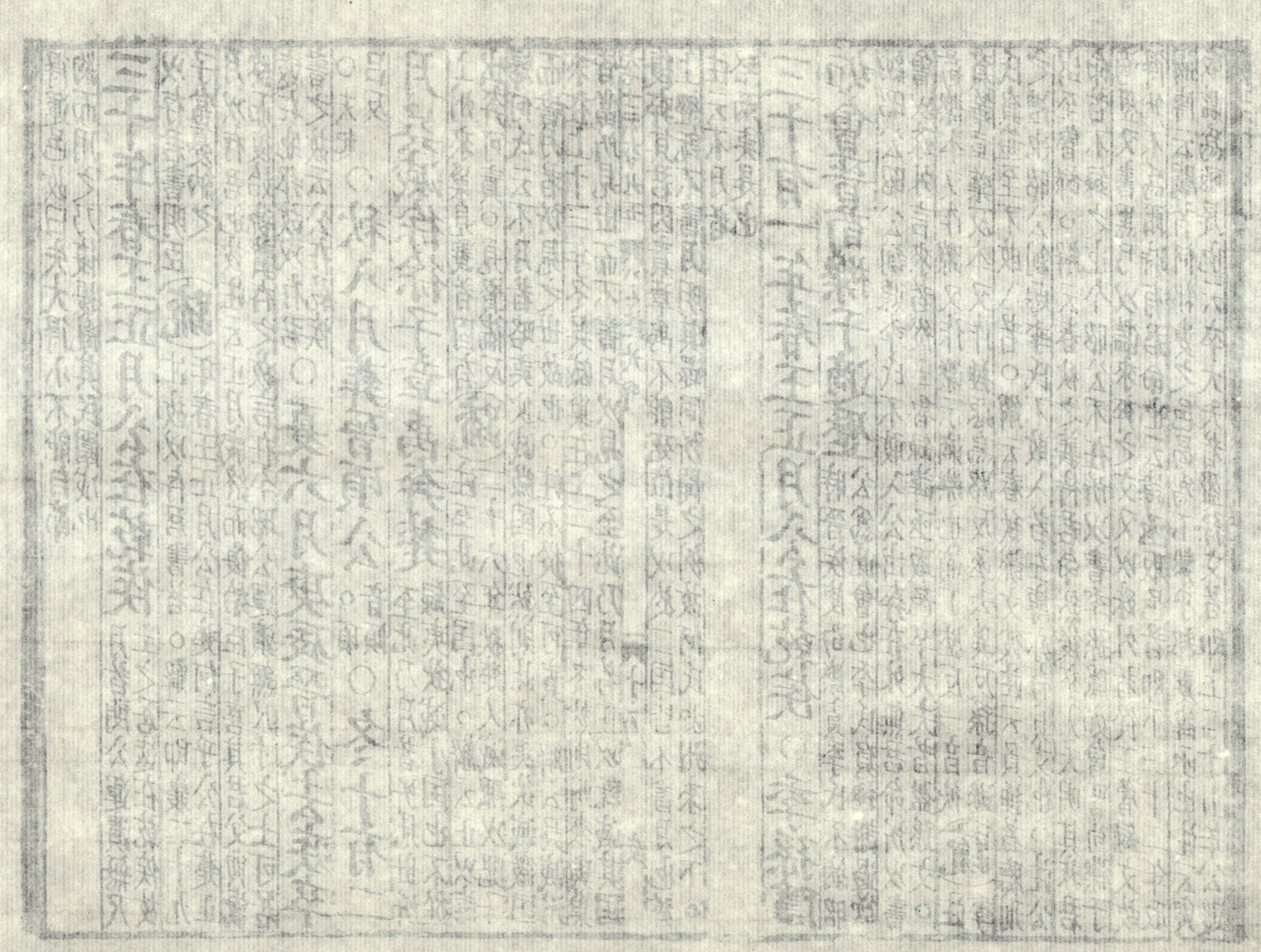

于齊後叔孫舍卒二十九年叔倪卒之徒是也然則春秋之
義爲君父諱惡春秋之義待君命然後卒大夫然今君不而
国而書大夫之卒故須解之然則取闞不繫邾婁乃書
大夫之卒者正欲盈足諱奔言遂之義故云盈孫文○夏
四月丁巳薛伯穀卒始卒便名日書葬者薛比滕最小迫後定實皆當略疏
注始卒便名日書葬者。○解云春秋之義小国始卒名日又
葬未能悉具會二見之後方始能備即宣九年秋八月滕子
卒成十六年夏四月辛未滕子卒昭三年春王正月丁未滕
子泉卒五月葬滕成公之儔是也言薛比滕最小者正以滕
子卒於宣公之篇薛今始卒故云比於滕爲小国也而今始
卒日即得名葬具書正由於後定實皆當見略迫近之故是
以二注備書矣其定見略者即定十二年春薛伯定卒彼注
云不日月者子無道當廢之而以爲後未至三年失衆見弑
危社稷宗廟禍端在定故略之是也其實見略者即哀十年
夏薛伯寅卒彼注云卒葬略者與杞伯益姑同是也昭六年
春王正月杞伯益姑卒彼注云不日者行微弱故略之入所
見之責小国詳始録內行也諸侯內行小失不可勝書故於
略責之見其義是也○晉侯使荀櫟唁公于乾侯○秋葬

薛獻公○冬黑弓以濫來奔文何以無邾婁
據讀言邾婁。○黑弓二傳作黑肱濫力甘反又力暫反疏冬黑弓者謂當時公羊子口讀邾婁黑弓公矣通
濫也通濫爲国故使無所繫曷爲通濫據庶其不通也疏注據庶其不通也者
解云即襄二十一年春邾婁庶其以漆閭丘來奔是也賢者子孫宜有地也賢
者孰謂謂叔術也叔術者邾婁顏公之弟也或曰羣公子疏注叔術者邾婁
至弟也。○解云謂母弟也或曰羣公子謂庶弟也何賢乎叔術據叔術不書讓國
也其讓國奈何當邾婁顏之時顏公時也邾婁女
有爲魯夫人者則未知其爲武公與懿公與
孝公幼不知孝公者邾婁外孫邾將妾子邾○武公與音餘下及注皆同顏淫九公
子于宮中所與淫公子凡九人疏注所與至九人。○解云謂顏公一人不應並淫九人故以

所言之因以納賊則未知其爲魯公子與邾婁公子與臧氏之母養公者也君幼則宜有養者大夫之妾士之妻礼也則未知臧氏之母者曷爲者也養公者必以其子入養不離人母子因以娛公也

疏 則未知其爲魯公子與者○解云爲內通于魯公子也○邾婁之公子與者不知爲是邾婁公子者與古者諸侯一娶九女二国媵之而邾婁一国以并有九女於魯宫中者蓋所取於邾婁相通爲九人不必盡是一人妻矣大夫之妻士之妻○注礼也○解云大夫之妾士之妻礼記內則文故注云礼也○則未知臧氏之母者曷爲者也○解云案內則大夫之妾士之妻並陳之謂士妻不吉乃取大夫之妾亦得事不具矣何者乳食一男何假一人乎則未知臧氏之臣爲是大夫之妾爲是士之妾故曰曷爲者

臧氏之母聞有賊以其子易公抱公以逃以身死公則可以其子易公非事夫之義然而於王法當賞以活公爲重也賊

至湊公寢而弒之弒臧氏子也不知欲弒孝公者納篡邾婁利其国也○湊七豆反臣有鮑廣父與梁買子者聞有賊趨而至臧氏之母曰公不死也在是吾以吾子易公矣於是負孝公之周訴天子天子爲之誅顏而立叔術反孝公于魯顏夫人者嫗盈女也國色也其言曰有能爲我殺殺顏者吾爲其妻殺顏者鮑廣父梁買子也婦人以貞一爲行云爾非德也○嫗音素本亦作訴爲之于爲反下爲我爲之則爲並同嫗紆具反一音紆羽反爲行下孟反下殺顏者之行亦同

疏 嫗盈女也者○解云謂此者嫗是盈姓之女○国色也者解云謂顏色一国之選

叔術爲之殺殺顏者而以爲妻利其色也有子焉謂之盱夏父者其所爲有於顏者也

疏爲顔公夫人時所爲顔公生也○盱許于反又許孤反本或作盱一音夸夏父戶雅反盱及夏父邾顔公之二子謂之盱夏父者至有於顔者也○解云謂爲顔公妻時所以有之者

盱幼而皆愛之叔術嫗盈女皆愛盱食必坐二子於其側而食之有珍怪之食珍怪猶奇異也○而食音嗣盱必先取足焉夏父曰以來猶曰以彼物來置我前人未足人夏父自謂也而盱有餘言盱所得常多叔術覺焉覺悟也知小爭食長必爭国易曰君子見幾而作知幾其神乎幾者動之微者事之先見○長丁丈反先見賢徧反下欲見見王者同疏注易曰至先見○解云皆出下繫辭仲尼文云知幾其神乎君子上交不諂下交不瀆其知幾乎幾者動之微吉之先見者也君子見幾而作不俟終日是也曰嘻此誠爾國也夫起而致國于夏父夏父受而中分之叔術曰不可三分之叔術曰不可四分之叔術曰不可五分之然後受之五分受其一○曰嘻許其反也夫音扶疏注五分受其一○解云服虔戍長義云邾婁本附庸三十里耳而言五分之爲六里国也者彼乃左氏之偏辭未足以奪公羊以爲邾婁本大国但春秋之前在名例隱元年何氏有成解

公扈子者邾婁之父兄也當夫子作春秋時於邾婁君爲父兄之行公扈者氏也○之行戶郎反習乎邾婁之故故事也道所以言也疏注道所至言也○解云謂道下傳所言矣其言曰惡有言人之國賢若此者乎惡有猶何有寧有此之類也言賢者寧有反妻嫂殺殺顔者之行乎○惡有音烏注同誅顔之時天子死叔術起而致國于夏父言叔術本欲讓迫有誅顔天子在爾故天子死則讓與妻嫂賊兒爭食之事當此之時邾婁人常被兵于周曰何故死吾天子猶曰何故死畜吾天子違生背命而立夏父乎此天子死則讓之效也夫子本所以知上傳賢者惡少功大也猶律

一人有數罪以重者論之春秋滅不言入是也案叔術妻
雖有過惡當絕身無死刑當以殺殺顏者爲重宋繆公以反
国與與夷除馮弒君之罪死乃反国不如生讓之大也馮殺
與夷亦不輕于殺殺顏者比其罪不足而功有餘故得爲賢
傳復記公扈子言者欲明夫子本以上傳通
之故公扈子有是言○數所王反復扶又反
疏 注夫子本所以至惡
少功大也者○解云上傳謂五分之然後受之以上矣○云
春秋滅不言入是也者即莊十年傳云戰不言伐圍不言戰
入不言圍滅不言入書其重者也是云當絕身無死刑者但
當絕其身以爲不湑不合殺之故曰無死刑然則外内亂鳥
獸行則滅之者謂姑妹之徒今一則非父子聚麀二則嫂非
姑姊妹故也○注當以殺至爲重○解云謂犯王命殺魯賢
臣故以爲重○注宋繆公以反国與至馮弒君之罪○解云
宋繆公反国之事在隱三年彼傳文具矣其除馮弒君之罪
者即桓二年宋督弒其君之下注云督不氏者起馮當国不
舉馮弒爲重者繆公廢子而反国得正故爲之諱是也注云
死乃反国不如生讓之大也者言繆公死乃反国非其全讓
之意不如叔術生讓其功大矣注云馮殺與夷亦不輕於殺
殺顏者謂馮爲弒君叔術爲犯王命皆是惡逆其罪勢等矣
云比其罪不足而功有餘故得爲賢者上解云其罪勢等矣

而言罪不足者謂犯王命殺魯大夫豈如宋馮弒君乎 通
故以爲罪少于馮矣其罪既少其功有餘故得賢之
濫則文何以無邾婁 据国未有口繫于人 疏 注据国至于人○解云言若通
濫是国宜應特達何故文上無邾婁而已其口
乃繫邾婁言之乎故注云据国未有口繫于人 天下未有
濫也 欲見天下實未有濫国春秋新通之爾故口繫于邾婁 天下未有濫則
其言以濫來奔何 据上說天下實未有濫者言春秋新通之也春秋所通之君文成矣
不言濫黑弓來奔而反與大夫竊邑來奔同文 疏 注而反與大夫竊邑來奔同文者○解云即襄二十一年春邾
婁庶其以漆閭丘來奔之徒是 叔術者賢大夫也絕之則爲叔
術不欲絕不絕則世大夫也 此解不言濫黑弓意叔術者賢大夫也如
不口繫邾婁文言濫黑弓來奔則爲叔術賢心不欲自絕于
国又繫天下實有濫無以起新通之文不可毀也如口不絕
邾婁文言濫黑弓來奔則嫌氏邑起本邾
婁出大夫春秋口繫通之文亦不可毀
疏 注起本邾婁至可施○解

[illegible] 由大夫也 [illegible]

[illegible] 大夫也 [illegible]

其言以 [illegible] 何 [illegible]

[illegible] 天下未有 [illegible]

[illegible] 文 [illegible]

[illegible]

云若曰一云邾婁文言濫黑弓來奔則是大夫氏邑欲起黑弓本是邾婁出大夫曰繫于邾婁欲通之爲出大夫故也

大夫之義不得出故於是推而通之也推猶因也因就大夫竊邑奔文通之則大夫不出叔術賢心不欲自絕兩明矣主書者在春秋前見王者起當追有功顯有德興滅國繼絕世

疏注主書者至繼絕世○解云隱元年注云諸大夫立隱不起者在春秋前明王者受命不追治前事今此追之者春秋之義勸其後功是以上二十年傳曰君子之善善也長惡惡也短惡惡止其身善善及子孫賢者子孫故君子爲之諱是也

○十有二月辛亥朔日有食之是後昭公死外晉大夫執楚犯中国圍蔡也

疏注是後昭公死外者○解云即下三十二年冬公薨于乾侯是也云晉大夫專執者即定元年三月晉人執宋仲幾于京師傳云其稱人何貶曷爲貶不與大夫專執也是云楚犯中国圍蔡也者即定四年秋楚人圍蔡是也直言圍蔡足矣何須言楚犯中国欲言日食爲夷狄強諸夏微之象故也

三十有二年春王正月公在乾侯○取闞闞者何邾婁之邑也曷爲不繫乎邾婁諱亟也與取濫爲亟○闞口暫反亟去冀反註同

疏闞者何○解云欲言是国諸典[illegible]聞欲言是邑文無所繫故執不[illegible]問○注與取濫爲亟○解云取亦作受字者二年之間比取兩邑故以爲亟而諱之矣

○夏吳伐越○秋七月○冬仲孫何忌會晉韓不信齊高張宋仲幾衛世叔申鄭國參曹人莒人邾婁人薛人杞人小邾婁人城成周書者起時善其脩廢職有尊尊之意也孔子曰謹權量審法度脩廢官四方之政行焉言成周者欲正居實外之○量音亮

疏注書者至意也○解云隱七年夏城中丘傳云何以書以重書也注云以功重故書也當稍稍補完之至令大崩弛壞敗然後發衆城之猥苦百姓虛空国家故言城明其功重與始作城無異然則天子之城不時脩理至令大壞方始城之而書者正欲起其當時之善故也何者當是之時天子陵遲諸侯奢縱忽能脩其廢職有尊尊之心是以書見故曰起時善云孔子曰謹權量至

[illegible]

冬黑弓以濫來奔文何以無邾婁通濫也[illegible]

○十有二月辛亥朔日有食之[illegible]

三十有二年春王正月公在乾侯取闞[illegible]

闞者何邾婁之邑也曷為不繫于邾婁諱亟也[illegible]

○冬仲孫何忌會晉韓不信[illegible]

[illegible]人小邾婁人城成周[illegible]

行焉者論語文彼注云言成周者欲起正居實外之正以不言京師而言成周者欲起正居在成周故也言實外之者正以王微弱不能守成周不是小事巽苦天下是以不言京師實外天子云云之說在上二十六年

二月己未公薨于乾侯○十有

監本春秋公羊註疏昭公卷第二十四